Creating Project-Based STEM Environments: The REAL Way

创建基于项目的STEM环境：

REAL模式

［美］詹妮弗·威廉（Jennifer Wilhelm）

［美］罗纳德·威廉（Ronald Wilhelm）　　著

［美］梅林·科尔（Merryn Cole）

盘峻岚　郭丽静　译

重慶大學出版社

First published in English under the title

Creating Project-Based STEM Environments：The REAL Way

by Jennifer Wilhelm，Ronald Wilhelm and Merryn Cole，edition：1

Copyright© Springer Nature Switzerland AG，2019

This edition has been translated and published under license from

Springer Nature Switzerland AG.

Springer Nature Switzerland AG takes no responsibility and shall not be made liable for the accuracy of

the translation. All Rights Reserved.

版贸核渝字（2020）第 105 号

图书在版编目（CIP）数据

创建基于项目的 STEM 环境：REAL 模式／（美）詹妮
弗·威廉（Jennifer Wilhelm），（美）罗纳德·威廉
（Ronald Wilhelm），（美）梅林·科尔（Merryn Cole）
著；盘峻岚，郭丽静译. -- 重庆：重庆大学出版社，
2023.8

（研究性学习译丛）

书名原文：Creating Project-Based STEM
Environments：The REAL Way

ISBN 978-7-5689-4080-1

Ⅰ.①创… Ⅱ.①詹… ②罗… ③梅… ④盘… ⑤郭
… Ⅲ.①教学模式—研究 Ⅳ.①G42

中国国家版本馆 CIP 数据核字（2023）第 157135 号

创建基于项目的 STEM 环境：REAL 模式

CHUANGJIAN JIYU XIANGMU DE STEM HUANJING：REAL MOSHI

［美］詹妮弗·威廉　罗纳德·威廉　梅林·科尔　著

盘峻岚　郭丽静　译

策划编辑：张春花

责任编辑：杨　扬　　版式设计：张春花

责任校对：王　倩　　责任印制：赵　晟

*

重庆大学出版社出版发行

出版人：陈晓阳

社址：重庆市沙坪坝区大学城西路 21 号

邮编：401331

电话：（023）88617190　88617185（中小学）

传真：（023）88617186　88617166

网址：http：//www.cqup.com.cn

邮箱：fxk@ cqup.com.cn（营销中心）

全国新华书店经销

POD：重庆新生代彩印技术有限公司

*

开本：787mm×1092mm　1/16　印张：12.25　字数：307 千

2023 年 8 月第 1 版　　2023 年 8 月第 1 次印刷

ISBN 978-7-5689-4080-1　定价：49.00 元

序　言

值得庆幸的是,基于项目的教学(PBI)在美国再度复兴。它曾在进步时代①有过一次复兴,在 20 世纪 90 年代又有过一次复兴。而在 21 世纪的第二个十年里,我们再度经历这一复兴。科学教育在每一次复兴浪潮中都扮演着重要角色。今天的 PBI 浪潮在几个重要方面都和以往的历次浪潮有所不同。第一个不同之处是,我们现在称之为"STEM"(科学、技术、工程和数学)的学科群引起了全球的兴趣,我们在教育和职业发展中看到了随之出现交叉学科和跨学科的可能性。第二个区别是,至少在美国,标准运动越来越重要。特别值得注意的是"下一代科学标准"(NGSS Lead States,2013)的出现。该标准基于"K-12 科学教育框架"(National Research Council,2012)中"三维"学习重要性的开创性概念:"三维"学习融合了实践、学科核心思想以及学科交叉概念。在这一历史时刻,出版《创建基于项目的 STEM 环境:REAL 模式》是及时且重要的。

我有诸多理由感谢三位作者——詹妮弗·威廉、罗纳德·威廉和梅林·科尔,感谢他们对本书的贡献,故欣然作序,重点介绍他们如何为关注和从事 STEM 教育的人士提供书中描述的"REAL 模式"指导,并帮助这些人士创建有利于学生参与和学习的更加繁荣的教育生态系统。三位作者在书中介绍了他们的 PBI 课程设计以及针对教师和学生的研究,提供了 STEM 教育和 NGSS 时代重要的新资源。他们将研究与实践紧密联系起来,集结成此书,不仅对职前教师、在职教师和教师教育者有益,对教育研究者也有参考价值。

我本人关于项目教学的研究和发展之旅,肇始于对一位心怀抱负、孜孜努力的高中地理科学教师的研究(Polman,2000)。过去二十年里,我一直在和 STEM 学科内和学科外(也就是历史和英语艺术)的其他教育工作者合作,设计有利于参与和富有成效的基于项目的学习环境。

罗伊·瓦格纳(Rory Wagner)老师的方法为其他教师提供了许多课程,但他的方法并不是每个人都能接受的。和本书中描述的那些课程教师一样,与我共事的教师也面临着许多挑战。我发现他们普遍被基于项目的教学吸引,因为这种教学有助于创造更具吸引力的学习环境。但作为教师,如何管理 PBI 单元的备课时间,以及如何对基于标准的学科教与学提供严谨的支撑,却令他们心生畏惧。在科学和工程领域,NGSS 的出现为需要达成何种目标提供了指导,但并未指导我们如何实现目标。本书出版后,我建议 STEM 教师教育者和教师用这本书来探索自己的教学。

以下是我在《创建基于项目的 STEM 环境:REAL 模式》一书中发现的一些非常有价值

---

① 进步时代(1896—1916)是美国社会行动主义和政治改革广泛传播和影响的时期,从 19 世纪 90 年代延续到第一次世界大战。——译者注,后同。

的见解。

学生在接触新的学习方式(如 PBI)时会从更高层次的支架式教学中受益,教师也会从改编和实施精心设计的综合性课程单元中受益。"天文学习中的现实探索(REAL)"单元(第五章)和"设计化学反应解决热能状况(CREATES)"单元(第六章)都具备理想的内在关联和支架结构,它们与 NGSS 和通用核心标准有着明确的关联。这些单元的 STEM 学科整合层次也令人印象深刻。它们让学生参与科学实践(如建模)、工程实践(设计、创建、测试和重新设计设备等,比如化学热包或冷包)、数学实践(使用比率同时嵌入实质性技术等,如建模软件)。这些单元要求学生理解和使用学科核心概念(例如季节变化原因和化学反应中的物质守恒)以及跨学科概念(例如发现规律)。同时,这些单元实现的目标不仅对教师有意义,对那些好奇心和能动性被唤醒的学生也很有意义。

此外,给我留下深刻印象的不仅是 REAL 和 CREATES 这两个项目的设计,还有在第八章的"跨越天文与原子空间(SAAS)项目"中教师创建的范例。首先,在乔·克拉吉克(Joe Krajcik)及同事根据教师选定驱动问题构建 PBI 单元想法的基础上,本书三位作者提出的模式增加了重要的"子驱动问题"(例如,Krajcik & Czerniak,2014)。由教师指定的驱动问题有趣并具挑战性,例如在 REAL 项目中的"为什么月球的外观看起来总是在变化",在 CREATES 项目中的"如何利用化学反应来保持舒适感",这些问题能让教师组织一系列连贯的主题课程,以此来帮助学生构建知识储备,应对更大的挑战。重要的是,这些整体驱动问题的构建让学生在单元中先构建、后研究"子驱动问题"。因此,单元中的基准课程和更多教师指导的部分为学生提供了能够更有效地推动最终项目的基础,因为学生已经积累了背景知识,正视或纠正了错误概念。另外,本书描述的"REAL 模式"包含了活动组织方式的两个结构特征。5E(Engage,Explore,Explain,Elaborate,Evaluate:引入、探索、解释、详述、评估,Bybee,et al.,2006)结构的每一节课都提供了一种表述和一套程序,使日常工作富有成效。"REAL 模式"还整合了贯穿始终的里程碑,确保能够进行例行评估并实施修改,从而支持学生的成功(Polman,2000)。我认为三位作者结合现有的项目学习观念和"子驱动问题"创新的独特模式,影响力大,扩展性强。我真诚地希望更多的教师和课程开发人员利用这一模式来设计持续发展的项目单元。

说到持续发展,我想回到这个想法:将本书当作一个重要的资源来培养 PBI 生态系统,通过 PBI 成就各种环境中的学习。在本书中,一些参与 PBI 职业发展的教师的叙述表明了教师所在的社区对项目的支持有多重要。在一所中学里,九位科学教师中有八位实施了PBI,这样令人振奋的成功为教师和学生描绘出了更广泛的教学改革场景。只要有抱负的PBI 教师在学校里是少数,每年就都会有新的学生群体难以适应。本书三位作者以及其他学者关于 PBI 的研究均表明,经过一学年的循环重复,无论先前成绩优等还是学习吃力,很多学生都可以开始茁壮成长。想象一下在这样的世界里,学生可以在几年内有机会突破对自我的认识,突破对科学学习意义的认识,就像第七章里描述的那位女生一样。通过老师们的努力,这名女生在六年级到八年级的几年里体验了一个丰富的科学学习环境。直到八年级结束时,她才最终克服了"害怕犯错误、不知道正确答案"的恐惧。一定是她过去的学习经历导致了她对科学学习的认知局限。我真诚地希望,一个持续发展的教育者共同体可以秉持本书中的理念,建立一个更广阔的生态系统,让所有人的 STEM 学习都能成功。

Joseph L. Polman

参考文献

Bybee, R., et al. (2006). *The BSCS 5E instructional model: Origins and effective-ness*. Colorado Springs, CO: BSCS.

Krajcik, J. S., & Czerniak, C. M. (2014). *Teaching science in elementary and middle school: A project-based approach* (4th Edition). New York: Routledge.

National Research Council. (2012). *A Framework for K-12 Science Education: Practices, Crosscutting Concepts, and Core Ideas*. Committee on a Conceptual Framework for New K-12 Science Education Standards. Board on Science Education, Division of Behavioral and Social Sciences and Education. Washington, DC: The National Academies Press.

NGSS Lead States. (2013). *Next generation science standards: For states, by states*. Washington, DC: The National Academies Press.

Polman, J. L. (2000). *Designing project-based science: Connecting learners through guided inquiry*. New York: Teachers College Press.

前　言

我基于项目的教学尝试受到了三个人的启发,之后写成了本书。我称这三位为"三乔"[Jo(e)s],他们是乔·博勒(Jo Boaler,《体验学校数学:传统和改革的教学方法及其对学习的影响》一书的作者),乔·波尔曼(Joe Polman,《设计基于项目的科学:通过引导式探究联系学习者》的作者)和乔·克拉吉克(Joe Krajcik,《中小学科学教学:基于项目的方法》的作者)。我在德克萨斯大学奥斯汀分校(University of Texas at Austin)读研究生时结识了乔·博勒和乔·波尔曼。他们的工作激发了我早期的研究兴趣和学位论文关注点。此后不久,我得以结识乔·克拉吉克,那时我是德克萨斯理工大学(Texas Tech University)一名入职不久的助理教授。"三乔"对我的研究方式、教学方式和与教师的共事方式影响良多。

我的早期职业生涯均是围绕中学职前和在职教师教育的项目教学进行的工作,如今已是著书之时。我希望创建资源,不仅总结我早期的研究心得,更为其他研究人员和教师的实践提供一种参考模式。《创建基于项目的 STEM 环境:REAL 模式》这本书的首要目的,就是揭示如何设计针对 21 世纪学习的 STEM 教学课堂,为情境式学习体验如何促进更高层次的学习提供证据。

随着研究的推进,本书的另外两位作者(罗纳德·威廉和梅林·科尔)也参与其中。先是罗纳德对"天文学习中的现实探索(REAL)"单元(第五章)的启发和设计贡献极大。他的天文学家背景影响了这个单元的内容和设计。同时他还参与了 REAL 模式课堂实践的教师职业发展工作。后来梅林·科尔在肯塔基大学(University of Kentucky)攻读博士学位,开始和我一起研究。她接受了 REAL 模式和基于项目的教学理念,成为对这项研究很重要的学者。她撰写了"设计化学反应解决热能状况(CREATES)"单元(第六章),为本书增加了第二个用于中学课堂的项目单元。

本书对教学方法的研究或可引起 STEM 教育界的关注。本书的目标读者是职前和在职教师以及 STEM 教育研究人员。本书中的模拟项目环境,均是围绕美国的"国家通用数学核心标准"(CCSS,2010)、"下一代科学标准"(NGSS Lead States,2013)和"国家教育技术标准"(ISTE,2008)精心设计而成。

本书作为基于项目的教学(PBI)资源,说明了如何根据 REAL 和 CREATES 进行单元设计和实施跨学科的项目单元。书中详细介绍了这两个 PBI 单元,辅以每次课后的研究(包括学生对 STEM 内容可能存在的错误理解)和单元实施前后的调查研究结果,有 40 多名教师和数千名学生参与调研。除了这两个单元外,还有章节描述了如何设计研究型 PBI 单元,以及教师对初次学习运用 REAL 模式创建基于项目的 STEM 环境后的实践总结,包括自行设计和实施 PBI 单元的策略方法、困难阻碍及成功经验。

詹妮弗·威廉

于美国肯塔基州列克星敦

致　谢

我们要向所有为本书作出贡献的人表示衷心的感谢。首先,感谢那些自愿参加由研究基金资助的工作坊并向我们开放课堂的中学教师。这些教师给我们提供了机会来收集他们和学生的数据,欢迎我们作为观察员进入他们的课堂环境,还贡献了他们自己的思考、观点和实践来提升本书。如果他们不愿意开放课堂,或不愿意参与教学实践,这本书就无法提供来自教师的证据,来证明基于项目的教学能够并且确实在真实的课堂中发挥作用。

我们还要感谢艾米丽·德里森(Emily Driessen)在修改、检索信息和校对方面所付出的时间和精力,感谢珍妮丝·科尔(Janice Cole)贡献的插图,就是出现在第三章里的基于项目的教学模式拼图。非常感谢约翰·D.科尔(John D. Cole)为本书提供了很多技术、内容和校对支持。

最后,尤其重要的,詹妮弗·威廉要感谢她的母亲雷吉娜·桑德伯格(Regina Sundberg)在本书完成过程中给予的支持和鼓励。

目　录

第一部分
基于项目的课堂主要特征

第 一 章

什么是基于项目的 STEM 环境

基于项目的教学环境简介

关于人们如何学习的研究表明,最有利于学习的环境类型是以学生、知识和社区为中心,并使用形成性评估来支持学习(NRC,2000)。以项目为基础的环境包含了所有这些特征,一旦和有效的设计、教学共同实施就可以为创造力、理解力和学术研究创造一个理想的空间。但是,以项目为基础的环境如何让所有学生都有机会学习一门课程或地区教学大纲所要求的具体内容呢?本书对如何使用创新的方式为科学、技术、工程或数学(STEM)课堂设计基于项目的教育环境提供了深刻见解,确保学生有机会学习课程的具体内容,同时成为自己研究课题的"专家"。

STEM 课堂中基于项目的教学与教材—授课—实验的比较

在自然研究中,任何一位教师都可以毫无愧色地说:"我不知道",因为可能问的这个问题迄今还没有伟大的科学家来回答。但教师不应该让自身的知识欠缺扫了学生的兴。她应该坦率地说:"我不知道答案,让我们看看能不能一起弄清楚这个神秘的东西。也许到目前为止还没有人知道,但说不定你会比我先找到答案。"(Anna Botsford Comstock,1911,p. 3)

基于项目的教学(PBI)是一种开放的、探究性的教学方法,有目的、有意义地让学生学习手头的内容。学生调查他们所选的与科目内容相关的研究问题,设计、实施调查方法,整理、解释结果,并就项目工作产生的结果提出新的问题。

教师的工作是为学生提出的问题提供足够的规范;用适当的、有时是"及时"的课程来支撑学生的学习和项目进展;帮助学生寻找资源、技术或"专家"的帮助;评估学生对学科内容的理解和应用程度。正如 Comstock(1911)所说,教师可以和学生一起成为学习者,不一定要成为无所不知、无所不晓的人。

大量研究表明,PBI 可以带来有效的长期学习,学生的学习成绩与传统的(教材—授课—实验)或"一切照旧"的 STEM 环境中的学生成绩一样或更好(Wilhelm,2002；Boaler,2002)。Ruopp,Gal,Drayton 和 Pfister(1993)描述了标准的教材—授课—实验方法的严重缺陷,包括:(a)学生不知道何时应用公式或算法;(b)教科书填鸭式地向学生灌输信息;(c)实验室设备与科学家实验室中使用的设备不同;(d)没有鼓励学生就物理现象提出自己的调查问题或者设计自己的方法来寻找解释。研究表明,与传统的、非改革的教学方法相比,接触开放的、以项目为导向的教学方法的学生在应用数学情境的解决方案上更具创造性(Boaler,2002)。

数学和(或)科学领域的项目工作往往不是、也不应该是以孤立的学科方式进行的。自然跨学科的示例项目主题包括对运动和变化率的研究,声波和三角学,月球的相位、运动和空间几何,化学反应和空间变换。

做 PBI 需要时间,也不容易,但值得努力。最近在 STEM 课堂上实施 PBI 的教师提出了以下建议:

最大的障碍可能是知道从哪里开始。教师常常觉得每一件事都必须立刻就是 PBI,而且必须是完美的。有这种思维方式的教师通常会固守以前的教学方式,因为设计这些 PBI 单元很困难。我认为帮助教师看到学生学习的最终结果,至少会让教师对 PBI 产生一些认同感,但并不能改变很多教师的这种想法:我永远也做不到,或者我永远也做不到那么好,所以我不会去做。(初中科学教师。)

我的意思是,对我来说,基于项目的学习——我想孩子们是弄明白了——更有目的性,更像是有一个明确目标。如果你有一个很好的驱动问题,就像我现在做的跟水相关的问题,学生都很喜欢。我用实验室水龙头里的水装满这个壶,水居然是棕色的,学生想知道为什么,所以这是一个很好的切入点:试着找出这壶水有什么问题,测试所有的水,测试他们的水,弄清楚怎样确定水是否可以安全饮用。(初中科学教师。)

本书通过审视真实的教师和学生进行的 PBI 课程设计和实施,阐述和记录如何开始这项教育改革并取得成功。本书可以指导计划使用 PBI 方法的研究者和教师如何克服困难,抓住机会。通过示例课程、学生作业、教师点评以及针对学生在 PBI 环境下的学习开展的研究,本书就项目实施单元所需的设计特点提出了见解,使所有学生都有机会学习课程所要求的具体内容,同时在对较大的项目实施单元的特定子问题展开深入研究时,让学生自主选择自己的研究问题。

以下是本书接下来章节的主要内容:第二章介绍了 PBI 的历史和发展,阐述了 PBI-STEM 课堂必要的设计特点。第二章还重点介绍了高中阶段 STEM 项目的具体例子。第三章描述了如何设计 PBI 单元,并解释了如何在 PBI-STEM 课堂中对学生的学习进行评估和评价。第四章说明如何定位研究并将其转化为最佳教学实践。第二部分中第五章和第六章包括基于项目的 STEM 单元示例(一个是整合的地球/空间和数学单元,另一个是包含工程设计的化学单元),针对初中水平(六至八年级)。第三部分中第七章和第八章的内容是教师对了解和实施项目教学经历的评论。第七章包括教师的声音,初中教师分享了他们对参与 PBI 的付出和收获的看法，如何克服障碍，学生的成功故事，以及他们对项目教学的看法是如何随着时间的推移而改变的。第八章分享了教师设计的 PBI 单元。

参考文献

Boaler, J. (2002). *Experiencing school mathematics: Traditional and reform approaches to teaching and their impact on student learning.* New York, NY: Routledge.

Comstock, A. B. (1911). *Handbook of nature study* (24th ed.). Ithaca, NY: Comstock Publishing Associates.

National Research Council. (2000). *How people learn: Brain, mind, experience, and school: Expanded edition.* Washington, DC: National Academies Press.

Ruopp, R., Gal, S., Drayton, B., & Pfister, M. (1993). *Labnet: Toward a community of practice.* Hillsdale, NJ: Lawrence Erlbaum.

Wilhelm, J. A. (2002). *Assessing student understanding of sound waves and trigonometric reasoning in a technology-rich, project-enhanced environment.* [D]. The University of Texas at Austin.

第 二 章

历史回顾：项目教学的起源、设计和演变

作为学校教育环节中的典型单元，安排在社会情境中全身心投入的目的性活动能确保儿童天生的能力得到最好的发挥，但如今这些能力常常被浪费。恰当的目的引导就意味着效率，这样不仅可以加速取得活动的预期效果，更保证了从活动中能有意外收获。（Kilpatrick，1918，p. 334）

早期项目特征

项目的理念是伴随约翰·杜威（John Dewey）和进步运动（1876—1957）而产生的。杜威和其他进步主义者致力于重新定义教育，视儿童为中心，强调从实践中学习，包括与真实世界的各种接触，建立课程与学习者相关的意义，赋予教师超越"任务主管"的角色（Ruopp，Gal，Drayton，& Pfister，1993，p. 52）。约翰·杜威、E. L. 桑代克（E. L. Thorndike）和威廉·赫德·基尔帕特里克（William Heard Kilpatrick）等进步人士提倡通过"职业培训、基于学生期望的课程差异、智力测试、项目学习和其他有别于传统通识课程的方法"，来适应他们所处的工业时代，反对过去的传统通识课程（Null，2007，p. 1015）。这种有别于传统课程的转变，确立了传统主义者和进步主义者之间的分野：前者支持通识教育课程，后者则注重以学生为中心、适用于所有学生的实践课程（Null，2007）。"项目"一词的首次使用可以追溯到 1908 年，当时马萨诸塞州史密斯农业学校（Smith's Agricultural school in Massachusetts）设立了基于项目的农业活动（Alberty，1927）。农业学生项目的重点是改善社区和（或）家庭，比如植树、修建步道和提高作物产量。项目包含的关键要素有（Alberty，1927，p. 19）：

1. 一个精心制定的、有明确目的的计划。
2. 父母、学生和教师之间的协议。
3. 校内教学，包括常规课程和自学。
4. 方法、时间、成本、收入等的详细记录。
5. 整个项目周期的报告。
6. 确保项目成功的教师指导。

杜威的学生基尔帕特里克(Kilpatrick,1918)将项目描述为有目的的行为,这些行为的例子(Kilpatrick,1918,p.320)包括:(a)女生做衣服;(b)男生承担出校报的项目;(c)男生做风筝;(d)男生解决几何中的"原创"问题。Stormzand(1924)用与基尔帕特里克类似的方式定义了"项目"一词:"项目是一项有明确清楚目的的任务,我们可以将项目设计成对学生而言有价值的东西,因为它就类似于人们在现实生活中从事的真正的活动"(p.148)。在定义一个项目时,Stevenson(1921)建议:要真正成为一个项目,目标应该是论证(而不是记忆和背诵信息)和实践(而不是学习有关该行为的信息或事实)。学习的背景和动机应该存在于自然环境中,而非人为设定的学校环境。作者简洁地说明了项目是"在自然环境中完成的带着疑问的行动"(p.43),并强调了环境的重要性,认为"没有自然的环境就没有项目"(p.90)。

项目工作和青年俱乐部

早在 1908 年,项目方法理念——虽然表述不同——就由青年俱乐部的创始人提出来了。20 世纪初,在美国中西部成立了青年俱乐部(Youth Clubs),鼓励男女学生通过项目实践来学习,实现"领略乡村生活、认识发展机会"的目的(Iowa State University Extension and Outreach,2017)。项目聚焦于土壤、农场动物、烹饪和家务等主题。一些早期的青年俱乐部(如西红柿俱乐部、养猪俱乐部、罐装食品俱乐部)先是演变为 3-H(Head,Heart 和 Hand)俱乐部,后于 1912 年发展为 4-H 俱乐部。第四个 H 最初指家庭(Home),后来指健康(Health)。"从实践和动手中学习的 4-H 理念源于将公立学校教育更紧密地与乡村生活相联系的期望。早期的项目结合公共和私有资源来实现帮助农村青年的目标"(UCANR,2017)。佐治亚州(Georiga)的一家报纸上的文章(图 2.1)就介绍了男生玉米俱乐部的一个姐妹俱乐部(西红柿罐头俱乐部)的事例。20 世纪 50 年代初,4H 俱乐部的创立已经超出了农村的范围,扩展到电力、拖拉机和汽车维修以及昆虫学。

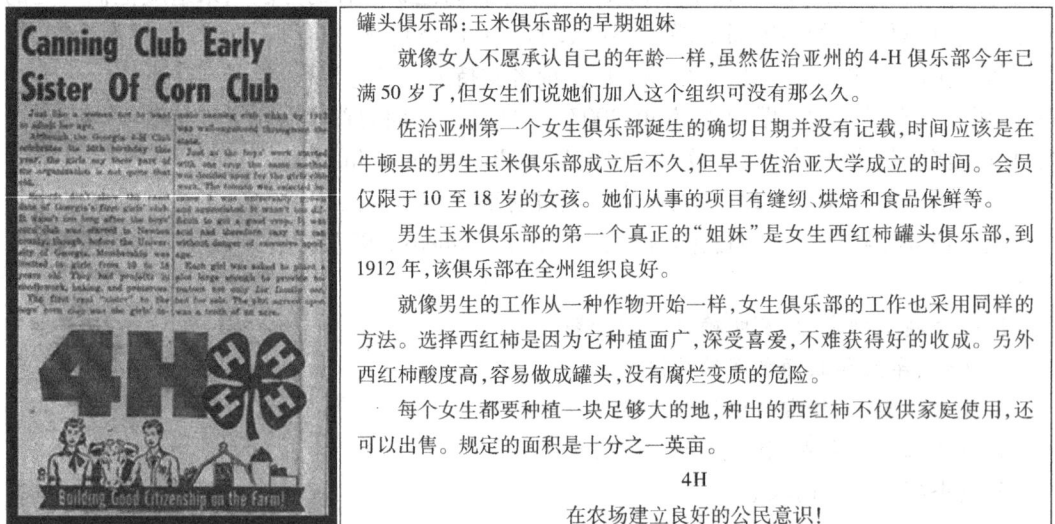

罐头俱乐部:玉米俱乐部的早期姐妹

就像女人不愿承认自己的年龄一样,虽然佐治亚州的 4-H 俱乐部今年已满 50 岁了,但女生们说她们加入这个组织可没有那么久。

佐治亚州第一个女生俱乐部诞生的确切日期并没有记载,时间应该是在牛顿县的男生玉米俱乐部成立后不久,但早于佐治亚大学成立的时间。会员仅限于 10 至 18 岁的女孩。她们从事的项目有缝纫、烘焙和食品保鲜等。

男生玉米俱乐部的第一个真正的"姐妹"是女生西红柿罐头俱乐部,到 1912 年,该俱乐部在全州组织良好。

就像男生的工作从一种作物开始一样,女生俱乐部的工作也采用同样的方法。选择西红柿是因为它种植面广,深受喜爱,不难获得好的收成。另外西红柿酸度高,容易做成罐头,没有腐烂变质的危险。

每个女生都要种植一块足够大的地,种出的西红柿不仅供家庭使用,还可以出售。规定的面积是十分之一英亩。

4H

在农场建立良好的公民意识!

图 2.1 1954 年佐治亚州发行的一份剪报(右边为其中文大意)

人造卫星发射[①]后对项目教学（PBI）的影响

20 世纪 50 年代，生物科学课程大纲研究会（1958 年成立）、物理科学研究委员会（简称 PSSC，1956 年成立）、化学教育资料研究会（1959 年成立）等委员会相继成立，主要是因为美苏之间的太空竞赛和人造卫星的发射。这些委员会的职责是促进美国对数学和科学的认识。遗憾的是，如果项目学习法的定义中包括学生选择和从事他们自己的项目，那么它就无法出现在这些课程大纲中（Ruopp et al.，1993）。事实上，许多人认为，PSSC 课程大纲只是为未来的科学家设计的，并非侧重于通过现实世界的情境体验和自我建构的机会来发展学生的学习（Liao，1997）。这种以教师为主导的"精英"课程导致 PBI 逐渐淡出。当时，知名科学家们认为强调实际应用会阻碍科学教育的发展，从而推动科学教育的目标转向基础研究，远离了包括项目工作在内的实用方法（Abramson，2007）。人造卫星发射造成的其他影响还有技术和工程上的倡议。这些倡议在新课程大纲强调数学和科学的背景下受到了冷落。"其中不乏讽刺意味，人造卫星时代的目标是将人类送上月球，这是人类历史上最伟大的工程与技术成就之一，但工程与技术在 STEM 教育中却明显地不受重视"（Bybee，2013，p. 14）。

关于项目教学消失的原因有另一个解释，一个名为"本质论者"的小团体发出了强大的声音（Null & Ravitch，2006）。他们反对进步运动的"适应生活教育"，"赞成精神纪律，在方法和内容上主张工作高于兴趣、学科高于活动、集体经验高于个人感受、逻辑结构高于心理架构以及教师主导高于学生主动"（Encyclopedia Britannica，2018）。尽管本质论团体存在的时间不长，但这些人和其他来自普通民众的批评人士声称，强调在非正式情境中学习是一场反智运动，它破坏了传统的通识教育（Polman，2000，p. 30；Null，2007）。

项目教学（PBI）的重生

20 世纪末，引入项目教学的想法重新焕发出勃勃生机，原因可能来自美国国家科学基金会资助项目（例如，1987 年 1 月 29 日国家科学基金会启动了重要项目来提升 K-12 年级[②]的科学教育；NSF 2018）的开展，关于最佳实践教学方法和如何学习（NRC，2000）的研究，互联网和万维网的开通，以及提高所有学生学习成果的需要。

随之涌现的是一系列关于有效教学实践的研究和开发，以及设计和实施项目强化课堂的方法（Krajcik et al.，1998；Barron et al.，1998；Boaler，1998；Singer，Marx，Krajcik & Chambers，2000；Polman，2000）。Kilpatrick（1918）、Stormzand（1924）和 Alberty（1927）描述的传统项目特征演变为 Krajcik 等（1988）描述的项目成功必需标准（Krajcik et al.，1998）：

---

① 史普尼克 1 号（Sputnik 1）又称人造卫星 1 号，是苏联于 1957 年 10 月 4 日发射的第一颗进入行星轨道的人造卫星。它的发射引起了西方国家对美国和苏联之间技术差距的恐慌和焦虑，进而引发了两个超级大国之间的太空竞赛。

② K-12 指的是从幼儿园（kindergarten）到十二年级，这是美国公立教育涵盖的从小学到中学的年龄范围。

- 一个驱动问题，植根于现实问题，涵盖有价值的内容，并有意义
- 开展调查和创建作品，让学生学习概念、使用信息和呈现知识
- 学生、教师和社区其他人之间的协作
- 技术工具的使用（Krajcik et al.，1998，p. 315）

Barron 等人（1998）认为，围绕驱动问题组织基于项目的学习使问题成为必须，这个问题是"精心设计的"，并且不能缺少"在活动与希望培养的基础概念知识之间建立联系"的功能（p. 273）。

Barron 等人还指出，一项活动的"做"往往先于"基于理解的做"（p. 274），他们将以下四个原则（p. 273）作为项目教学的重点，认为这才能实现基于理解的"做"，而不是为做而做。

1. 适合学习的目标
2. 帮助学生和教师学习的支撑材料
3. 频繁提供形成性自我评估和修订的机会
4. 鼓励参与的社交组织

Singer 等人（2000）描述了结构主义项目教学环境的七个课程设计原则：情境、基于标准、探究、协作、学习工具、作品和支撑材料。情境设计原则包含驱动问题的教学要件。学习工具、作品和支撑材料包含数据收集、建模、概念图、实验报告以及预测、观察和解释的过程等组成部分。基于标准、探究和协作的设计原则包含在美国科学促进协会（AAAS，1993）和国家研究委员会（NRC，1996）倡导的科学教育标准中。AAAS 和 NRC 提倡的其他理念还有学生参与类似的基准活动，其中基准课程要有教学目的，与驱动问题直接相关，并为学习者提供意义创造的体验（Singer et al.，2000，p. 175）。

项目教学共同体增加了重要的新特征（例如驱动问题、协作、支撑材料、形成性自我评估、基准课程和技术）来辅助项目教学的成功，Alberty（1927）描述的一项传统特征——父母参与和父母/监护人、学生与教师之间的协议——被搁置一旁。父母/监护人的参与有时会促成、但也可能破坏全校范围内富有成效的系统性运动（Boaler，2002）。父母的参与可以通过以下活动来促进和培养，例如有策略的沟通，邀请父母参观学生的项目展示，以及有目的地利用父母/监护人的专业知识来提升学生的项目活动。

真实高中 STEM 课堂中的项目教学（PBI）

接下来我们将介绍三个在高中进行 PBI 的案例。这三个项目的教学环境分别是地球科学、数学和工业电子学的课程，这些教学设计都被纳入研究，成为研究论文的一部分。就学生的学习而言，其中一些 PBI 案例更成功，但它们不一定包括前述 PBI 的全部基本特征。

地球科学课中的项目教学（PBI）

Polman（2000）在论文中展示了在基于项目的地球科学课堂里探索"什么是科学"的可能性。其中的案例研究聚焦在教育人类学和协作学习的问题上，但没有调查学生对特定单元知识学得有多好。他的研究明确展示了一位科学教师（罗里·瓦格勒）是如何在高中教学中实施PBI的。罗里拥有科学教育学士学位和地质学硕士学位，研究开始时他已经从事教学工作超过20年了。罗里PBI设计的关键之一是利用"里程碑"作为学生项目进展的一种评估和问责形式。罗里将项目评估分解为里程碑（分享检查点，关于项目背景信息、项目计划书、数据收集、数据分析和最终演示）。以这样一种方式来使用里程碑，可以确保进行定期评估，并及时修改和纠正，让学生尽可能成功（Barron et al.，1998）。罗里在PBI课堂上融入的另一个关键因素是学习共同体中的专家。他意识到自己不是所有领域的专家，于是鼓励学生与共同体中的专家导师合作，这些导师可以帮助推动项目工作。

罗里的学生完成的项目（图2.2）涉及地球科学领域的12个主题（其中一些项目冠以地球科学的标题也有待商榷）。图2.2还显示了他与每个项目组之间的互动次数和类型。其中一个比较成功的项目是关于飓风的。飓风小组的驱动问题是"北半球是否存在飓风移动的首选模式"（Polman，2000，p.87）。在这个项目中，学生观察了风暴路径的形状。起初他们打算观察更长时间的风暴，但很快发现数据量巨大。在罗里的帮助下，他们决定将数据范围缩小到过去10年（1985—1995）的风暴。之后学生绘制了飓风路径图，确定了飓风路径的形状，并进行了分类。在整个项目调查过程中，飓风小组给一位专家导师（由罗里安排的）写信，这位专家导师将有关飓风的参考书和网址发给该小组供研究。

这些项目中也有一个不太成功的项目，就是黄道带项目。该项目组希望"分析天文学和占星学之间的关系"（Polman，2000，p.119）。罗里同意让学生继续这个话题，只要他们能把这个题目和星座联系起来。罗里曾计划让这个组和一位天文学家联系，但很遗憾没能做到。不出所料，学生在进行研究时几乎没有数据可循。他们缺乏足够数据的原因之一是将大部分时间花在研究占星术上，很少花时间研究项目的另一个焦点——天文学。罗里帮助黄道带组缩小了主题范围，将有关恒星位置的占星学断言与天文学发现进行比较。但是，这个小组的项目里程碑期限已到，他们最终没能拿出足够的数据或调查结果。

值得注意的是，学生在大约9周时间里，利用地球科学课上所有的时间完成了这些项目。成功的飓风小组里的学生对基于项目的学习环境的结构和设计反应良好。比较罗里与每个项目组的交流互动，图2.2显示了他与飓风组的科学讨论数量比黄道带组的多。这样的互动可能解释了该项目的成功。罗里为他的基于项目的地球科学课设定的基本目标是让学生学会如何开展研究，如何进行实证数据分析。他坚信每个学生都应该提出自己的驱动研究问题。罗里给予学生设计自己的研究课题和研究计划的自由，希望这能成为他们开始这项工作所需的纯粹动力。然而，班上也有一些学生觉得好像没有学习过地球科学。这些学生不认为了解如何做研究和如何进行实证数据分析也是一种学习的形式（Polman，2000，pp.143-147）。

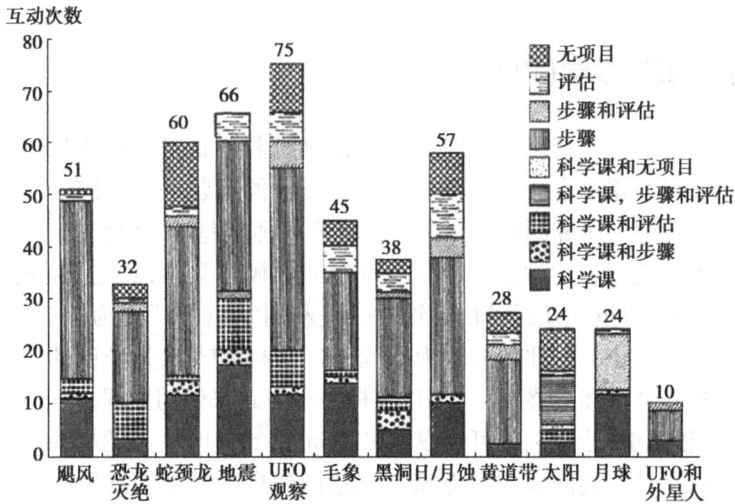

图 2.2　罗里与各组进行与主题相关和不相关讨论的观察数量（Polman，2000，p.111）

我们认为罗里犯了一个错误，他没有对地球科学的项目主题加上某种限制。地球科学的范围太广，这使得项目主题无法管理。另一个问题是学生提出的驱动问题缺乏重点，无法展开研究。

为了帮助学生缩小可能的项目范围，我们主张应该由教师提出最初的驱动问题，学生再从该驱动问题出发形成自己的子驱动问题。让学生选择子驱动问题尤为重要，它赋予学生对项目的所有权和学习动力。应该允许学生研究他们感兴趣的主题，但这个主题要在教师最初设定的驱动问题的范围之内。

数学课中的项目教学（PBI）

Boaler（2002）关于中学数学中 PBI 的开创性论文在许多方面为展示数学课堂中的 PBI 铺平了道路。作者比较了两所高中（一所实施传统教学，一所实施项目教学），对 PBI 在数学学习上产生的效果进行了历时调查。她对英格兰的两组中学生进行了为期三年的跟踪调查，比较了他们在各种评估中的表现。第一组学生（凤凰公园中学）的数学课采用了基于项目的教学方法，而第二组（琥珀山中学）则使用传统的教学方法教授数学。

在凤凰公园中学的环境中，学生完成了开放式的项目任务。尽管学生经常要解决相同的任务，但他们运用了复杂程度不同的多种数学方法来完成这些任务。如果完成项目需要额外的数学知识，老师会及时补充数学课。而在琥珀山中学，老师则倾向于使用传统的教学方式，在前 20 分钟里向学生讲解数学过程，之后允许学生通过个性化的作业本来完成日常作业。

作者还描述了凤凰公园中学引入和实施项目任务的代表案例。其中一项任务被称为"36 块栅栏"（Boaler，2002，p.51）。在这项任务中，老师向学生说明，他们有 36 块栅栏（每块长 1 米），每块栅栏上都有小钩子，可以钩上连起来。老师告诉学生："你可以把它们按照各种角度放置……我们感兴趣的是，你能用这 36 块栅栏围成哪些形状？"在最初的任务设置后，老师让学生说出形状（正方形、六边形等）。学生随后提问，是否有必要使用所有的栅栏，形状是否必须是规则的。最后，学生提出了必要的"规则"。老师还询问了每个形状有多大，面积是多少。学生开始以不同的方法来探索任务。例如，有学生不熟悉所有可能的形状，老师就告诉学生"在你的数学字典里查一下"。Boaler(2002)描述了凤凰公园中学的老师如何"巧妙地将数学思想融入关于栅栏的讨论中，引导学生浏览数学知识，借鉴学生自己的评论和问题……他们的问题中有一些是情境化的，比如这个栅栏问题 ……其他的问题则不是情境化的，但所有的问题都是开放的，用以鼓励不同的思考方式"(p.55)。

研究比较了每个学校的学生在一系列评估（包括国家标准测试）中的结果。普通中等教育证书(GCSE)评估结果显示：两所中学的学生多项表现相似，但凤凰公园中学的学生在不需要生搬硬套、更需要灵活运用知识的任务上，比琥珀山中学的学生表现更好。当两所学校的学生在完成布置的一项涉及估算角度大小的任务时，琥珀山中学有38%的学生无法准确估计角度。"*角度*一词似乎让很多琥珀山高中的学生认为需要三角原理，虽然在这个活动情境中三角原理并不适用。学生把*角度*一词当成了使用什么方法的提示"(Boaler，2002，p.88)。而面对相同的任务，凤凰公园中学只有16.7%的学生不能正确估计角度的大小。

作者认为相对于那些传统教学环境中的学生，在PBI环境中的学生发展了更深的对数学概念的理解。PBI学生在接受一系列不同的评估测试时似乎更有优势。"参与了项目学习的学生已经接受了一种数学的思维和应用的系统训练，这对他们在学校和非教育环境中都有帮助"(Boaler，1998，p.41)。

在Boaler(2002)的研究中，驱动问题更像是情境任务，可以有多个子调查项目和解决途径。适时补充的数学课程可以作为适时基准课程，目的是提供内容知识的支撑，促进学生的任务进展。除此之外，在执行不同复杂程度的PBI数学任务（比如"36块栅栏"）时需要运用广泛多样的问题解决方法，这诠释了在面对不同程度、能力和优点的学生时，PBI如何提供有区别的教与学。

工业电子中的项目教学(PBI)

Wilhelm(2002)在她的学位论文中做了一个案例研究,研究了在一所市内高中（特雷高中，它被归类为低成绩学校）的工业电子(IE)课堂中实施声波PBI单元后，学生的内容知识是如何得以发展的。学生参加了一个涉及声波和三角推理的PBI单元。该单元旨在培养班上学生的通用内容学习（通过基准课程），并帮助学生对内容子单元（通过小组项目研究）有更深的概念理解。PBI单元的目标是让学生获得声波的概念知识，例如声波中的实际波动，波的相互干扰，以及什么影响波的速度。这一单元的设计是让学生学习与正弦曲线和正弦波叠加相关的三角函数推理。设计中的项目标准包括实施标准，例如学生需要有驱动研究问题和关注点(Krajcik et al.，1998；Barron et al.，1998)，需要基准课程来帮助培养和构建内容知识和对内容的理解(Singer et al.，2000)，需要在整个单元实施中完成项目里程碑(Polman，2000)，以便学生有时间得到反馈，进行修改。

IE班由9名学生组成，他们每天上两节课，每次上课时间为100分钟。这个班的老师有18年的数学、物理和计算机课程的教学经验，具有工程背景和大学教学经验。

研究 PBI 对 IE 学生学习影响的方法包括量化和定性方法。量化数据包括 IE 课堂和对照课堂的前测和后测。前测和后测使用的是由马里兰大学（University of Maryland）物理教育研究小组（Wittmann，1998）开发的关于声波的诊断测试，以及由 Confrey、Wilhelm、Carrejo、Heiskell 和 Nicholson（2002）开发的三角函数测试。更进一步的量化数据和分析包括对比特雷高中一个物理班的声波诊断测试成绩和赖特高中（Wright High School，其为同一地区的另一所示范学校）一个 IE 班的三角函数测试。

定性数据包括学生访谈录像、课堂观察和特雷高中 IE 课堂活动录像。课堂观察笔记尤其关注学生如何使用现有技术，技术的使用如何帮助集体论证和学生对声波现象的理解。另一个重点是学生如何使用基准活动来协助项目工作，以及项目工作如何促进对基准课程的理解。

学生通过研究驱动问题"重现声音需要哪些显著特征？"来开启小组项目工作。对这个问题进行初步研究后，学生需要从初始研究问题出发提出自己的子驱动问题，然后着手调查。三个小组提出了关于无线电波、听力植入物和光盘音质的项目（表 2.1）。

表 2.1　学生小组和学生提出的子驱动问题

小组	子驱动问题
无线电波	调幅和调频是如何产生和再现的？
听力植入物	如何改进人工耳蜗？
光盘	光盘是如何工作的？

在实施中，基准活动为研究声和波的特征所需的基本概念和术语提供支撑。参与基准活动的学生使用声波探测技术分析运动和音乐波形，并使用波形模拟软件探索波形现象。基准活动还将三角函数与正弦曲线图形联系起来，来帮助理解频率、周期、振幅和波长的概念。

表 2.2 概述了本 PBI 课堂中使用的项目实施特征，表 2.3 展示了该单元内进行的基准课程。

表 2.2　项目实施标准

1. 教师选定驱动问题
2. 学生确定子驱动问题
3. 学生使用基准课程和活动获取背景知识
4. 学生、教师、研究人员和共同体的"专家"成员协作
5. 学生利用基准活动和技术工具来构建理解，并帮助自己的研究、数据收集、数据分析、反馈和交流
6. 学生获得充分的反馈和足够的时间进行修改（通过项目里程碑）
7. 学生创建与初始子驱动问题相关的最终作品
8. 学生将经验和成果分享给共同体的其他学习者

表2.3　基准课程

> 1. 用双筒望远镜、铃和秒表测量声音速度
> 2. 分析弦上驻波，利用声波计算机模拟探索声波现象
> 3. 通过分析空气柱中的驻波测量声速
> 4. 使用探测件测量各种乐器产生的声波的振幅、波长和频率
> 5. 用弹簧振子和电脑运动探测器探索简谐运动
> 6. 用意大利面检验正弦曲线
> 7. 与校外科学专家一起参与声波课堂讨论

前测结果显示，学生对波有一些常见的错误概念，这些错误概念都在文献中有所论述，涉及介质的哪些性质决定了波速以及波与波如何相互作用（Sadler, Whitney, Shore & Deutsch, 1999；Wittmann, 1998），几乎没有三角函数推理。

后测数据显示，特雷高中 IE 课上的学生在理解波和三角函数概念方面取得了显著的成绩。IE 课上的学生关于波的后测成绩也显著高于特雷高中物理课上学生的成绩，物理课和IE 课的课程大纲有相似的内容和目标。其他分组对比（特雷高中和赖特高中）分析显示，小组间的三角函数后测成绩平均分没有统计差异。

课堂观察分析表明，特雷高中 IE 课教师在理解波频与波速、纵波与横波的区别方面存在困难。教师在理解上的一些困难也转化为学生的困难。特雷高中 IE 课上的学生对波速（包括空气中的波速和弦上的波速）以及正弦波振幅和周期的理解主要是在测试项目中获得的。

这项研究中出现的一个前所未有的特点是：学生聚焦驱动研究问题，思考并将小组项目工作与基准活动关联起来，在概念理解上有所收获。不仅基准课程促进了项目的进展，项目本身也帮助学生更好地理解了基准课程内容。这一项目的实施设计证明了基准和分组项目实施功能的必要性。

总结

总而言之，在过去的一个世纪里，无论是被称作"项目方法""项目教学""基于项目的科学""探究式学习"，还是"从做中学"，人们对"项目是什么"已经达成了共识。真正的差别在于项目的实施。从前述三个高中情境可以看出，PBI 的实施方式多种多样，侧重于不同类型的成果。表2.4 展示了每个 PBI 课堂中的 PBI 特征。

表2.4　比较每项研究中的 PBI 特征

PBI 功能	Polman	Boaler	Wilhelm
教师提出的驱动问题	主要是学生提出的问题	×	×
学生提出的驱动问题	×	×	×
研究驱动问题的多种方法	×	×	×

续表

PBI 功能	Polman	Boaler	Wilhelm
里程碑作为形成性评估	×	未提及	×
联系专家	×	未提及	×
基准课程(促进项目工作的课程)	未提及	×	×
协作工作	×	有时	×
技术工具	×	未提及	×

项目主要特征建议

需要强调的项目主要特征包括:需要驱动研究问题和焦点(Krajcik et al.,1998;Barron et al.,1998),这些问题和焦点从学习目标衍生而来,学习目标的设定则依据国家、州和(或)地区的标准;需要了解学生对学科主题的典型错误概念;需要给予学生机会,让他们用多种方式对所学知识进行调查、应用和展示(Boaler,2002);需要基准课程和技术运用来帮助培养和构建内容知识和对内容的理解(Singer et al,2000;Wilhelm,2002);需要利用共同体内的专家(Polman,2000;Wilhelm,2002)在课堂内外进行协作(Boaler,2002;Polman,2000);并且需要完成贯穿项目实施的项目里程碑(Polman,2000;Wilhelm,2002),给予学生接收反馈和进行修改的时间。除这些标准外,父母/监护人的沟通和参与有助于让共同体了解项目的目的,帮助项目成功。请参阅以下确保项目学习的完整的 PBI 标准:

1. 教师/研究者选定驱动问题。
2. 学生确定子驱动问题。
3. 学生有机会获得背景知识,正视或摒弃错误概念。
4. 学生、教师、研究人员和共同体的"专家"成员协作。
5. 学生使用基准活动和技术工具来构建概念理解,并帮助自己的研究、数据收集、数据分析、反馈和交流。
6. 学生获得充分的反馈和足够的修改时间(通过项目里程碑)。
7. 学生创造一个与初始子驱动问题相关的最终作品。
8. 学生将学到的经验分享给包括父母/监护人在内的学习者共同体。

参考文献

Abramson, L. (2007). *Sputnik left legacy for US science education* (NPR Reports). Retrieved October, 29, 2010.

Alberty, H. B. (1927). *A study of the project method in education* (No. 2). Columbus, OH: Ohio State University Press.

American Association for the Advancement of Science. (1993). *Project* 2061: *Science literacy for a changing future: A decade of reform.* Washington, DC: American Association for the Advancement of Science.

Barron, B. J., Schwartz, D. L., Vye, N. J., Moore, A., Petrosino, A., Zech, L., & Bransford, J. D. (1998). Doing with understanding: Lessons from research on problem-and project-based learn-ing. *Journal of the Learning Sciences*, 7(3-4), 271-311.

Boaler, J. (1998). Open and closed mathematics: Student experiences and understandings. *Journal for Research in Mathematics Education*, 29, 41-62.

Boaler, J. (2002). *Experiencing school mathematics: Traditional and reform approaches to teach-ing and their impact on student learning.* New York, NY: Routledge.

Bybee, R. W. (2013). The next generation science standards and the life sciences. *Science and Children*, 50(6), 7.

Confrey, J., Wilhelm, J. A., Carrejo, D., Heiskell, B., & Nicholson, J. (2002). Trigonometric reasoning test. In *Assessing student understanding of sound waves and trigonometric reasoning in a technology-rich, project-enhanced environment.* [D]. J. A. Wilhelm, The University of Texas at Austin.

Encyclopaedia Britannica. (2018). *Education in the 20th century.*

Iowa State University. (2017). *Extension and outreach.*

Kilpatrick, W. H. (1918). The project method. *Teachers College Record*, 19, 319-335.

Krajcik, J., Blumenfeld, P. C., Marx, R. W., Bass, K. M., Fredricks, J., & Soloway, E. (1998). Inquiry in project-based science classrooms: Initial attempts by middle school students. *Journal of the Learning Sciences*, 7(3-4), 313-350.

Liao, T. T. (1997). From PSSC to MSTE: A personal 34-year odyssey in science and engineering education. In *Reflecting on sputnik: Linking the past, present, and future of educational reform symposium.*

National Research Council (1996). *National Science Education Standards.* Washington, DC: National Academy Press.

National Research Council. (2000). *How people learn: Brain, mind, experience, and school: Expanded edition.* Washington, DC: National Academies Press.

Null, J. (2007). William C. Bagley and the founding of essentialism: An untold story in

American educational history. *Teachers College Record*, 109（4），1013-1055.

NSF（2018）. *A timeline of NSF History*.

Polman, J. L. （2000）. *Designing project-based science：Connecting learners through guided inquiry. Ways of knowing in science series*. Williston, VT：Teachers College Press.

Ruopp, R. , Gal, S. , Drayton, B. , & Pfister, M. （1993）. Labnet：Toward a community of practice. Hillsdale, NJ：Lawrence Erlbaum.

Sadler, P. M. , Whitney, C. A. , Shore, L. , & Deutsch, F. （1999）. Visualization and representation of physical systems：Wavemaker as an aid to conceptualizing wave phenomena. *Journal of Science Education and Technology*, 8（3），197-209.

Singer, J. , Marx, R. W. , Krajcik, J. , & Chambers, J. C. （2000）. *Designing curriculum to meet national standards*. Arlington, VA：National Science Foundation.

Stormzand, M. J. （1924）. *Progressive methods of teaching*. Oxford, UK：Houghton Mifflin.

University of California. （2017）. Division of Agriculture and Natural Resources.

Wittmann, E. C. （1998）. Mathematics education as a "design science". In J. Kilpatrick & （pp. 87-103）. Dordrecht：Springer.

第 三 章

如何为 STEM 课堂设计基于项目的单元

我们想让学生学什么?

驱动问题

在 STEM 课堂上实施基于项目的教学(PBI)时,我们需要考虑希望学生学习什么。学生应该学习的内容由国家和地方的课程标准决定。此外,设计 PBI 需要意识到学生在学科内容方面可能已有的典型的错误认识(见第四章)。这正是驱动问题出现的地方。驱动问题(DQ)在课程单元内驱动学习。Krajcik 和 Czerniak(2014)认为,DQ 应该是有意义的、可持续的、有价值的、可行的、合乎道德的和符合特定情境的(Krajcik and Czerniak 2014,p.58,表3.1)。

与 DQ 类似的是 Wiggins 和 McTighe(2005)所称"本质问题"(EQ)。本质问题由 Wiggins 和 McTighe(2005)理解的六个方面推进。Wiggins 和 McTighe(2005)描述了"构成成熟理解的多方面观点,即概念的六方面观点"(p.84)。

- 说明——复杂的理论和插图,提供事件和观点的知识化叙述
- 解释——提供意义的叙述和翻译
- 应用——在新的环境和不同的情境中运用知识的能力
- 视角——不同角度的具有批判性和洞察力的观点
- 共情——了解一个人的感受和世界观的能力
- 自我认识——认识到自己的无知以及自己的思维模式如何影响理解的智慧

(pp.84-100)

Wiggins 等人区分了"总体"本质问题和"主题"本质问题。总体问题涉及大的构想,可以构成一个完整的学习计划。主题本质问题侧重于特定的概念和观点。

表3.1　驱动问题标准

可行性	学生可以设计调查来回答问题 学生可以进行调查来回答问题 调查的材料是现成的 问题适合学生的发展
价值	问题与科学家真正做什么有关 问题有丰富的科学内容/概念 问题帮助学生把科学概念联系起来 问题很复杂,可以分解成更小的问题 问题会引出更多的问题 问题符合地区、州或国家课程标准
情境化	问题是以现实世界的问题为基础的 问题有现实的重要性
意义	问题对学习者来说既有趣又重要 问题涉及到学习者的生活、现实和文化 问题所涉及的现象是学生感兴趣的
伦理	用于回答这个问题的做法不会损害生物或环境
持续性	问题可以让学生随着时间的推移寻求解决方案 学生可以非常详细地寻求问题的答案

两者的区别是总体性理解应涵盖和转化宽泛概念和宏大构想,而主题性理解更局限于转化的各种可能性。

我们的 DQ 概念融合了 Krajcik 和 Czerniak(2014)的 DQ 与 Wiggins 和 McTighe(2005)的 EQ,着重强调可行性、可持续性、富有意义、解释、应用和视角。我们倾向于把 Krajcik 和 Czerniak(2014)中的"可行性"称为一个问题的*可研究性——DQ 在多大程度上适合学生研究?* 可研究性可能会受到获取资源、设备、时间和地点的潜在限制。DQ 应该是一个需要长期研究的问题;因此应该是*可持续的*(Krajcik and Czerniak 2014),而不是直接谷歌搜索就可以解决的问题。DQ 应该是*有意义的*,对我们来说,有意义包含了 Krajcik 和 Czerniak(2014)对价值和情境化的解释。如前所述,DQ 应来源于 STEM 内容标准(国家、州和地方)。DQ 对学生来说也应该是有意义的,这样他们才有兴趣进行研究,加深对现实世界情境的理解。*解释*(Wiggins and McTighe 2005)对于 DQ 研究至关重要,因为它有助于理解,从而得出基于证据和规律的解释。就 Wiggins 和 McTighe(2005)的*应用*而言,我们认为,如果学生不能在一个新的情境中应用他/她所学的东西,那么这个学生实际上根本就没有学会。最后,我们认为,Wiggins 和 McTighe(2005)的"*视角*"包括伦理、共情甚至是自我认识。视角是指能够站在别人的立场上,从别人的角度看问题,并对自己的局限性和长处有一种元认知的能力。

DQ 决定了我们希望学生掌握什么总体概念。以 DQ 为出发点,引出由学生提出的子驱动问题。让学生提出自己的子驱动问题,为项目调查提供框架和支持,使其更有意义,更贴近学生的生活,同时为教师的管理留出空间。回顾一下第二章工业电子课教师的总体驱动

问题:*重现声音需要哪些显著特征?* 学生由此提出的子驱动问题有:

1. 调幅和调频是如何产生和再现的?
2. 如何改进人工耳蜗?
3. 光盘是如何工作的?

我们认为子驱动问题 1 和子驱动问题 3 本可以改进,因为以当前的提问形式,通过计算机检索很容易得到答案,但是子驱动问题 2 对学生进行稳定和可持续的研究具有更大的潜力。

怎么知道学生已经学会了?

评估

一旦确定了希望学生通过驱动问题以及可能的子驱动问题学习什么,就需要确定如何衡量学生的学习。学生的学习应该由教师和学生通过对 PBI 单元学前到学后的理解共同进行评价。评估学生的学习应该是形成性的,也应该是终结性的。

一些学前评估可能显示学生还有尚未学习的内容,并突出学生对某些概念的错误理解。例如,学前评估可以在教学前评估学生的概念理解水平,就像 PBI 工业电子(IE)课(见第二章)的例子那样。前测结果显示,IE 班学生几乎甚至完全没有三角推理能力,而且还发现学生对波有一些常见的错误理解,这些错误理解在文献中都有记录,比如波是如何相互作用的,以及介质的什么属性决定了波速。此外,教学实施前对 IE 班学生波理解的测试分析还发现了三种新的错误理解(文献中没有记录),涉及波速、波"摩擦"和与步长相关的波宽。了解学生知道什么不知道什么对于 PBI 单元的设计至关重要,包括驱动问题的提出和(或)完善、基准课程的选择以及确定可能的校外专家以帮助指导富有成效的项目工作和学习。

其他评估学生学习的方法出现在基准课程和项目工作的实施过程中。回顾基准课程有助于确保学生有机会学习手头的内容,同时成为自己研究的"专家",基准课程也可以促进学生的项目进展。

学生进行项目工作时,由于对与项目进展相关的概念或内容理解不足,有时显然需要及时的课程。正如 Boaler(2002)研究中凤凰公园中学经常出现的情况一样,在学生进行像 36块栅栏(见第二章)这样的数学项目时,教师必须为学生提供及时的数学课。

就项目本身而言,像罗里·瓦格勒老师的课程(Polman,2000),里程碑标记应该出现在项目工作的所有阶段——从确立研究问题开始,与校外专家协调,确定学生知道什么、还需要知道什么,制定行动计划或调查方法,发现并分享资源到收集和精简数据,分析调查结果并对调查结果进行分类,创建模型和表达形式,并得出最终结论。这些里程碑式的经历应该和同伴、老师一起体验。学生每周向同伴展示自己的研究状况可获得如下优势:组织工作、报告困难、征求建议、了解潜在资源,和可用于项目的数据报告技巧。此外,学生之间分享里程碑内容也可以创造有益的机会,在项目中互相学习。

通常人们认为,只有成绩评估才能用来评估 PBI 课堂中的内容理解。事实并非如此。应该采用多种学习测量方法(如多项选择测验、简答测验、概念图、报告、基准课程任务、里程碑演示、共同体研究演示和同伴互评)来评估学生的学习状况,以确定希望学生学习的内容学生正学到什么程度。

基准课程促进项目进展,确保共同内容学习机会

教师经常犯的错误是把一个单元简单设计成一系列课程,而没有首先思考希望学生学习什么,以及确定如何知道学生学习了内容。在设计 PBI 单元时,基准课程的设计只能在驱动问题之后,并且评估是事先考虑好的。基准课程应该支撑学生的学习,设计时要了解学生对学习材料经常持有错误概念的相关研究(见第四章),并促进学生的项目进展。

第二章表 2.3 概述了关键基准课程,这些课程有助于促进 IE 班高中学生对总体驱动问题的理解。比如,"重现声音需要哪些条件?"基准课程包括以各种方式测量声速:利用探测件等技术来确定由不同乐器产生的声波的波长、频率和振幅;用意大利面条三角函数研究正弦曲线(Peterson,Averbeck,& Baker,1998)。这些课程是经过精心选择的,以便学生能够更好地理解频率、周期、振幅和波长的概念,体验声波中真正波动的是什么,并确定影响声音速度的因素有哪些。

及时基准课程

及时的基准课程不是预先计划的,其必要性是后来才发现的。发现其必要性可能是由于学前评估中出现的错误概念,也可能是由于欠缺尚未学习的技能或概念。由职前教师(PSTs)实施的名为"天文学习中的现实探索"(REAL;见第五章)单元是 STEM 结合 PBI 的天文单元,其中就出现过一个需要及时基准课程的例子。REAL 单元的驱动问题是:为什么月球的形状看起来总是在变化? 一个职前教师小组的项目包括研究月球的最高高度角如何随时间变化。该小组绘制了在地球上的不同位置(如美国和澳大利亚)月球每天最高高度角随时间变化的曲线图。生成的曲线图似乎是正弦曲线,但这些职前教师对由特定环境产生的正弦函数几乎没有任何经验。为了使他们更好地理解这个月相图中的频率、周期、振幅和波长的图形及物理特性,我们采用了关于意大利面条三角函数(Petersonet al. ,1998)的及时基准课程。意大利面条三角函数基准课程有助于将三角形的三角比概念与正弦曲线图联系起来,并帮助该小组更好地回答他们的子驱动问题。一位职前教师在课堂反思中写道:

我一直在研究正弦函数,但从来没有意识到它们在现实世界中的用途。在这个项目中,我看到了函数的用途和实用性……确实需要一些时间和研究才能理解海拔高度与时间的关系……这是一个非常有趣和有价值的项目……期待有一天在课堂上实施我学到的很多知识。(职前教师,Wilhelm,Sherrod,& Walters,2008,p.232)

专家的作用

　　由于学生参与的项目工作即使在同一个主题领域内也可能有所不同,所以教师不可能知道帮助构建、指导和支持学生研究所需的一切。这正是学生和校外专家联系的必要性所在。在第二章提到的声波单元里,正在进行人工耳蜗研究的学生就获得了一位听觉矫治专家的指导。在 REAL 单元(第五章),学生得到了受雇于美国国家航空航天局 AMES 研究中心的行星科学家的指导。学生在罗里·瓦格勒老师的课堂上(第二章)参与更广泛的研究项目时也有几位专家受邀指导。

　　请专家导师指导有几个目的,往往多方受益。校外专家能够参与外展工作,更好地了解 K-12 STEM PBI 准备。PBI 教师不再是万能的专家,他们可以与 STEM 从业者团体建立有益的合作关系。针对研究项目的指导,学生学习如何提出相关问题。引入导师还可以将学生在课堂上的学习和实践与 STEM 专业人员的工作联系起来。选择与学生背景相似的导师也可以向学生展示那些跟他们一样的人如何从事 STEM 职业,并取得成功。导师还可以提供学生通常无法获得的技术和(或)技术指导。例如,天文学家可以带上望远镜,为 REAL 之类的单元安排夜空观测。

父母/监护人和共同体的作用:
使项目合法化,建立 PBI 认同感,将学习扩展到课堂之外

　　可持续性 PBI 环境的一个关键特征是与父母/监护人的沟通。现在的 K-12 学生的家长/监护人很可能没有体验过多少 PBI 课堂。Boaler(2002)对英格兰数学课堂实施 PBI 进行了三年历时研究,发现家长在叫停这类教学方面起到了重要作用,因为 PBI 与家长接受过的教学方式不尽相同,“为了应对新兴中产阶级家长给学校带来的压力,凤凰公园中学也开始把学生分成不同的数学能力小组。数学系的老师对这些变化反响不佳,感到士气低落,力不从心”(Boaler,2002,p.186)。作为与家长沟通的有效方式,可以邀请家长/监护人在学生课余时间进行项目工作或者需要观察自然现象时予以支持。例如,观察月亮和天空时,学生可能需要在傍晚或清晨观察。职场中的父母/监护人可以在 K-12 环境中发挥作用,引进自己的职业专长,或者用不同的方法协助解决社会问题(例如,水侵蚀或水污染问题)。在孩子的学习和学校共同体中获得利益和存在感,可以大大有助于建立富有成效的关系和伙伴关系。

技术对增进理解的作用

　　在基于项目的课堂中,可以用多种方式使用技术,包括协助教与学、与专家和利益相关

者沟通，以及增强项目的展示效果。现在各种各样的软件都能在计算机上使用，或者也容易获得，这些软件能够帮助学生找到和展示信息。互联网无疑为使用计算机获取信息、与专家交流提供了便利，平板电脑和智能手机的兴起也使我们更容易与他人交流、查找信息和分享工作。这些设备还让学生有机会在家里收集数据，然后一起在教室讨论收集到的信息。

技术唾手可得，但必须是在有用的时候才谨慎使用，而不仅仅是因为新奇而使用。Flick 和 Bell（2000）警告，技术不应该用于不需要技术就可以轻松完成的任务。在这种情况下，技术可能成为障碍而不是助力。教育工作者需要仔细考虑什么时候技术有助于解决 PBI 单元的驱动问题，什么时候技术只会分散注意力。使用 PBI 的教师必须是灵活适应的规划师（由于项目范围广泛）、问题的解决者（比如技术问题或时间问题）和主动的承担者（比如学习新技术，参与教师项目网络共同体，与管理者协商、协作，或者进行校内外跨学科项目合作）。技术的作用在于搭建探究环境，支持研究和数据收集（例如，探测件、建模软件、互联网），并帮助（与该领域的专家、其他学校、教师和学生）沟通、指导和协作。

技术可以通过建模和多重表示使抽象的、难以可视化的科学概念变得易懂（Flick & Bell，2000）。Pallant 和 Tinker（2004）认为，"基于分子动力学工具的学习体验应该帮助学生建立原子层面现象的更科学更准确的思维模型，进而帮助他们像专家一样在不同层次上更有效地进行推理"（p.25）。例如，动画可以展示互动，但是计算机模型可以与模型进行接触和交流。模型交互使得学生可以用该系统进行实验，看看实际会发生什么——学生能够生成自己的无限数量的动画（Pallant & Tinker，2004）。

技术作为一种与外部世界的联系，正在极大地改变社会中沟通和知识交流的基本模式，并自动匹配思维和解决问题的组成过程。在知识获取和使用不断变化的环境中，新的交互技术以尚待确定的方式重新定义了什么是知识和理解，重新定义了什么是"有文化的"或"受过教育的公民"（Lave & Wenger，2003，p.12）。回顾一下 Polman（2000）考察的一个以项目为导向的课堂，所有学生都参与了关于地球科学问题的各种项目。所有学生都利用了图书馆资源和互联网（当时相对较新）为他们的研究计划和研究问题收集数据，一些人通过电子邮件与校外专家沟通，许多学生使用 PowerPoint 展示自己的研究结果。

PBI 中的技术示例

项目课堂中可以使用大量的技术。技术可以是探测件、互联网、电子邮件、视频会议、计算机软件、可下载应用程序、模拟和计算机编程。许多技术的目的是构建理解，支持研究，或与外部世界沟通。虽然本节并未详尽列出 PBI 课堂中所有可能有益的技术，但概述了目前 PBI 课堂中正在使用的一些技术。随着技术的发展，可以包含在这里的技术列表也会随之增加。

谷歌教室

谷歌教室（Google，2014）已经成为一些课堂的基石，而在其他一些课堂则只是偶尔使用的工具。使用谷歌教室的挑战是既要有良好的互联网连接，又要有可用的连接设备。随着

Chromebook[①] 和 iPad 在课堂上的应用越来越广泛,这种障碍将逐渐消失。谷歌教室允许教师上传文件,提出问题,并在学生作业完成时给予评论。学生可以在谷歌教室中点击嵌入的链接,接受测评,并提交作业。谷歌教室还使得学生可以同时在同一个文档中键入内容,共同完成项目,还为教师提供了一种方法,与学生快速共享在线工具链接。老师们还表示,学生不仅可以在课堂上访问谷歌教室,还可以在课下使用电脑、平板电脑和智能手机访问。这为教师提供了一种便捷的方式,只要学生家里有互联网连接和设备,教师就可以给那些因为生病或天气原因待在家里的学生实时共享课堂。学生处理项目时,这种在课堂内外建立联系的能力可以让他们与整个小组合作,哪怕当天有一个学生不在课堂上。学生还可以在谷歌教室里互相分享项目工作,让班里的学生看到其他小组正在做什么,并提供反馈。

模拟和动画

Gizmos(ExploreLearning,2016)是 PBI 课堂中使用的一种交互动画。Gizmos 有助于将真实场景融入 PBI 单元,在 PBI 单元中可以对内容/概念进行建模,而不是直接体验,非常适合模拟课堂上难以复制的体验。例如,一组初中教师用 Gizmos 在课堂上演示生态系统的变化。Gizmos 使学生能够操控生态系统的某些方面并看到结果,这是学生在课堂上用别的方法无法做到的(见第八章)。一些教师还将 Gizmos 用作旋转站实验室中的实验站,在旋转站实验室中,学生可以使用 Gizmos 与内容进行虚拟交互并应用所学的内容。在另一个单元中,教师模拟演示热能通过铜管如何传递。在 Gizmos 中,系统完全封闭,100% 绝缘,因此没有热量流失到环境中,学生可以很容易地看到数据的走向。教师还利用 Gizmos 让学生能够探索一些现象,这些现象或者太小,用眼睛看不见(细胞、原子),或者存在于身体内部(消化),或者发生在很长一段时间内或在历史上发生过(19 世纪蛾类种群随着时间的适应和变化),或者规模太大,学生看不见(行星引力)。

另一个常见的动画来源是 PhET(Unviersity of Colorado,2018)。Williamson 和 Abraham(1995)发现,在大学普通化学中接受过包括动画在内的教学的学生和没有接受过动画教学的学生相比能更好地理解物质微粒性质的概念。此外,作者认为,学生对化学概念的理解与他们创造思维模型将物质中粒子行为可视化的能力有关。作者使用 Paivio(1991)的双重编码理论来解释视觉模型如何帮助学生更好地保留信息,因为视觉模型同时进行言语和视觉编码,而文本只是言语编码。PhET 模拟可以让学生与物理现象互动。PhET 模拟涵盖了各种各样的主题,经常被 K-12 教师使用。虽然目前从 PhET 获得的交互模拟都没有直接针对物质的微粒性质,但其中许多模拟针对的都是微粒层面上的化学现象,这也能让学生了解物质的性质。Moore,Chamberlain,Parson 和 Perkins(2014)描述了 PhET 交互模拟项目,称每个模拟都有五个教学目标:让学生参与科学探索,掌握自己的学习,促进概念理解,能够在内容和真实世界之间建立联系,开始喜欢科学。作者指出,教师可以将交互模拟用于演示或使用学生答复系统进行课堂互动测验。Perkins 及其同事利用学生访谈和课堂实施研究探索初中阶段 PhET 模拟的使用情况;他们对 4 至 8 年组的学生进行了 80 多次访谈,涉及 14 个模拟(Perkins et al. ,2012)。Perkins 等人发现,总体上学生喜欢使用 PhET 模拟,并参与其中。他们还发现,即使模拟不包括游戏,学生也常常会把模拟变成游戏或挑战。Perkins 等人提

---

① Chromebook 是谷歌推出的网络笔记本电脑。

出了两个在初中课堂上使用 PhET 模拟的大的策略。他们认为，培养学生自主模拟，鼓励使用游戏和挑战，可以激发富有成效的探索和学习。作者还建议编写一些说明，激励学生探索以促进理解，而不是遵循明确的、逐步的指令与应用程序进行互动。

Perkins 等人指出，使用内置游戏，为学生创造挑战，要求学生识别规则，这些都符合初中学生喜欢游戏、喜欢比赛的性情。

学生制作的模型

教师也可以使用软件，让学生创建自己的动画、模拟或模型来说明和完善对现象的理解。最近的一个例子是 SiMSAM，这是一个建模软件，学生可以制作物理现象的逐帧定格电影、动画和模拟，以表明他们的理解在不断提高（Wilkerson Jerde, Gravel, & Macrander, 2015）。研究参与者进行了两个周期的建模：首先，他们画出了微粒层面上的香水在房间中扩散的想法并制作动画，然后模拟扩散。在第一部分中，参与者花了更多的时间考虑如何表现这种现象。在第二部分，他们花了更多的时间来评估和修正模型。这项研究"说明了跨多种表现技术的迭代建模活动可以维持和加深学生的学习和参与"（p. 411），还强调了建模的好处：表示现象，模拟现象，并使用模拟进行预测。

可下载应用程序

Stellarium（Chereau, 2010）是一款可以免费下载的天文馆软件，可在电脑和手持设备上使用。其他类似的应用程序也可在智能手机上使用。Stellarium 允许用户将时间、日期和位置设置为世界上任何地方，并查看当时的天空。它的优点是学生可以在世界各地的不同时间或不同地点进行天空观测。这类软件还可以帮助学生在遇到恶劣的观测条件时进行实时的天空观测（见第五章）。

探测件

探测件（运动传感器、水质传感器和声音传感器）是可以构建内容理解的一个技术实例。与软件一起使用的探测件传感器能够测量诸如温度、光、pH、磁场、运动、电压、电流和声音等现象。探测件传感器能够连接到电脑和手持设备，这样一来，与软件连接时，学生可以检查和分析数据和图形结果（例如，位置与时间、速度与时间）。

用和电脑连接的运动检测器，学生能够解释有意义的数值的图形，并且能够模拟不同类型的运动情况（Wilhelm & Confrey, 2003）。

技术小结

以上讨论的每一项技术活动在课堂上都有一席之地，但教师需要明白每一项活动都有其优缺点。所有类型的模型，无论是否基于技术，都有一个缺点，那就是学生对模型的解释往往与教师希望学生理解模型的方式不一致（Carr, 1984；Harrison & Treagust, 1996）。教师需要意识到，个别学生可能会用不同的方式解释图表、图画和模型（Harrison & Treagust, 2010）。研究人员已经成功地将动画和模拟融入课堂教学（Chang, Quintana & Krajcik, 2009；Yezierski & Birk, 2006；Kozma & Russell, 1997；Stieff & Wilensky, 2003；Perkins et al., 2012；Tinker & Xie, 2008；Pallant & Tinker, 2004；Wilkerson-Jerde et al., 2015）。技术工具帮助学生在分子层面上将物质可视化（Yezierski & Birk, 2006），帮助学生通过研究模型来探索系统是如何因为输入改变的（Perkins et al., 2012），或解释自己构思的模型与他人分享和讨论（Wilkerson-Jerde, 2014）。教师需要仔细选择技术，用有意义的方式辅助基准课程、项目工作或 PBI 单元其他方面,而不仅仅是用技术来取代一个不用技术就可以轻松完成的活动(Flick & Bell,2000)。技术可以增强 PBI 教学,但使用的时候要有目的并仔细考虑。

确保成功和学习的 PBI 标准概述

图 3.1 展示了确保 PBI 学习和成功所需的七个拼图块。中心拼图块是教与学的现象或主题。上面两个拼图块表示教师选择的驱动问题(源于标准和现象)和学生选择的子驱动问题(由学生提出,让学生对学习拥有自主权并对学习赋能)。基准课程拼图块(右下)表示的是学生的机会,通过精心策划的体验来发展学生的背景知识,正视(或打破)学生的错误概念。基准课程使用技术工具的活动还可以包括构建概念理解和协助研究、数据收集、数据分析、反馈和交流。里程碑拼图块(左下)可以让学生与同伴、老师和家长/监护人分享他们的项目状态,并允许有充分的共同体反馈和修改的时间。

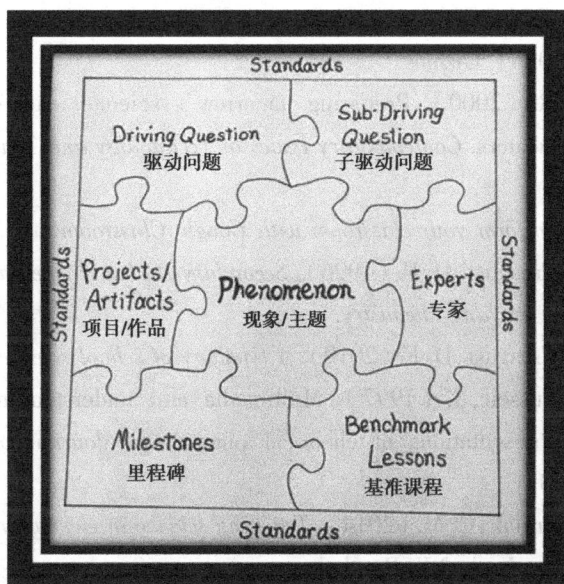

图 3.1　确保成功和学习的 PBI 标准概述(Janice E. Cole 手绘原图,2018)

专家拼图块(中间右边)包括学生与大学教授、共同体成员、行业合作伙伴以及家长/监护人合作,以促进项目工作或让学生获得他们通常没有的资源或设备(如望远镜)。第七个拼图块(中间左边)是项目/作品本身,学生分享作品,报告研究发现和/或模型,回答自己的研究驱动问题,也有机会发现更多的新问题,获得更深入的学习。把所有拼图块粘在一起的"胶水"是评估——正是这种黏合剂以形成性评估和终结性评估的形式贯穿大多数拼图块。形成性理解可以在整个里程碑阶段和基准课程中进行评估,并与专家合作。终结性理解可在项目工作完成时进行。

参考文献

Boaler, J. (2002). *Experiencing school mathematics：Traditional and reform approaches to teaching and their impact on student learning*. New York, NY：Routledge.

Carr, M. (1984). Model confusion in chemistry. *Research in Science Education*, 14 (1), 97-103.

Chang, H. Y., Quintana, C., & Krajcik, J. S. (2009). The impact of designing and evaluating molecular animations on how well middle school students understand the particulate nature of matter. *Science Education*, 94 (1), 73-94.

Chéreau, F. (2010). *Open source planetarium* [Computer Software].

Cole, J. E. (2018). *PBI Criteria Artwork*.

ExploreLearning. (2016). Gizmos.

Flick, L., & Bell, R. (2000). Preparing tomorrow's science teachers to use technology：Guidelines for science educators. *Contemporary Issues in Technology and Teacher Education*, 1 (1), 39-60.

Google. (2014). *Transform your classroom with Google Classroom*.

Harrison, A. G., & Treagust, D. F. (1996). *Secondary students' mental models of atoms and molecules：Implications for teaching chemistry*.

Harrison, A. G., & Treagust, D. F. (2010). *A typology of school science models*.

Kozma, R. B., & Russell, J. (1997). Multimedia and understanding：Expert and novice responses to different representations of chemical phenomena. *Journal of Research in Science Teaching*, 34 (9), 949-968.

Krajcik, J. S., & Czerniak, C. M. (2014). *Teaching science in elementary and middle school：A project-based approach*. New York, NY：Routledge.

Lave, J., & Wenger, E. (2003). *Situated learning：Legitimate peripheral participation*. Cambridge：Cambridge University Press.

Moore, E. B., Chamberlain, J. M., Parson, R., & Perkins, K. K. (2014). PhET interactive simulations：Transformative tools for teaching chemistry. *Journal of Chemical Education*, 91 (8), 1191-1197.

Paivio, A. (1991). Dual coding theory：Retrospect and current status. *Canadian Journal of Psychology/Revue canadienne de psychologie*, 45 (3), 255-287.

Pallant, A., & Tinker, R. F. (2004). Reasoning with atomic-scale molecular dynamic models. *Journal of Science Education and Technology*, 13 (1), 51-66.

Perkins, K., Moore, E., Podolefsky, N., Lancaster, K., & Denison, C. (2012). Towards research-based strategies for using PhET simulations in middle school physical science classes. *AIP Conference Proceedings*, 1413 (1), 295-298. AIP.

Peterson, B. E. , Averbeck, P. , & Baker, L. (1998). Sine curves and spaghetti. *The Mathematics Teacher*,91(7) ,564-567.

Polman,J. L. (2000). *Designing project-based science*：*Connecting learners through guided inquiry. Ways of knowing in science series*. Williston,VT：Teachers College Press.

Stieff,M. ,& Wilensky,U. (2003). Connected chemistry-incorporating interactive simulations into the chemistry classroom. *Journal of Science Education and Technology*,12(3) ,285-302.

Tinker,R. F. ,& Xie,Q. (2008). Applying computational science to education：The molecular workbench paradigm. *Computing in Science & Engineering*,10(5) ,24-27.

University of Colorado. (2018). *New Sims-PhET simulations.*

Vernier Software and Technology. (2018). *Products.*

Wiggins,G. ,& McTighe,J. (2005). *Understanding by design*. Alexandria,VA：ASCD.

Wilhelm,J. ,& Confrey,J. (2003). Projecting rate of change in the context of motion onto the context of money. *International Journal of Mathematical Education in Science and Technology*,34 (6) ,887-904.

Wilhelm, J. , Sherrod, S. , & Walters, K. (2008). Project-based learning environments： Challenging preservice teachers to act in the moment. *The Journal of Educational Research*,101 (4) ,220-233.

Wilkerson-Jerde, M. H. (2014). Construction, categorization, and consensus：Student generated computational artifacts as a context for disciplinary reflection. *Educational Technology Research and Development*,62(1) ,99-121.

Wilkerson-Jerde,M. H. , Gravel, B. E. , & Macrander, C. A. (2015). Exploring shifts in middle school learners' modeling activity while generating drawings,animations,and computational simulations of molecular diffusion. *Journal of Science Education and Technology*, 24 (2-3), 396-415.

Williamson, V. M. , & Abraham, M. R. (1995). The effects of computer animation on the particulate mental models of college chemistry students. *Journal of Research in Science Teaching*,32 (5) ,521-534.

Yezierski,E. J. ,& Birk,J. P. (2006). Misconceptions about the particulate nature of matter. Using animations to close the gender gap. *Journal of Chemical Education*,83(6) ,954.

第 四 章

教师如何定位研究并转化为教学实践

为什么要使用研究文献?

研究文献为教育中的各种课题提供了丰富的信息,在其中经常可以找到有关教学主题、常见错误概念、学习进度、评估、课程和案例研究的最佳教学实践。每一个实践都可以提供对课堂教师有用的信息,但挑战之一是找到免费文献,二是将文献转化到课堂教学中。

富有经验的教师可能积累了多年来教授主题的大量信息,包括学生带到课堂上的错误概念。但教师如何才能了解关于这个主题是否还有其他常见的错误概念呢? 教师通常可以借鉴那些识别常见的(或者有时不太常见)错误概念的研究,又或许教师已经发现了这一届学生持有的错误概念,但需要知道如何去纠正。这类信息可能出现在研究论文或者教学实践期刊中。不论信息来自哪个资源,教师都应该通过查阅研究文献来指导单元教学计划。

类似国家科学教师协会(National Science Teachers Association,NSTA,2017)这样的专业机构已经意识到研究在科学教与学中的作用。在该机构立场声明中,NSTA 建议"研究人员用科学教育者、管理者、决策者,以及科学教育界其他人士理解和接受的方式交流研究","研究人员利用多种交流形式,包括教学实践期刊、专业会议、网站和社交媒体,向教师和其他决策者传播研究成果,使研究成果易于获取"(NSTA,2017)。

研究文献还包括支持将研究与教师课堂教学实践联系起来的各种研究。Kyei-Blankson(2014)总结认为:"培训教师成为研究人员可以鼓励和提高教师在数学和科学课堂上实施和应用理论的兴趣。"(p. 1047)尽管许多参加培训的教师都提到了参加培训的积极效果,并对在课堂上开展研究和使用研究成果给予了积极评价,但对在担任教师的同时进行研究需要应对的时间和精力上的挑战,许多教师也表示担忧。Dynarski(2010)评论了将研究成果介绍给课堂教师的困难。他认为:"要把教学实践和研究联系起来,许多教育工作者需要在信念上有一个巨大的飞跃,记住这一点很有益处。"(p. 65)尽管教师可能意识到利用研究来指导教学实践的好处,但多年来一直实践教学技艺的教师就如何能在课堂上做得更好的问题上,需要在从经验得知和从新研究得知这两者之间取得平衡。这可能会导致研究者和实践者的分化,特别是如果将研究应用于课堂对实践者来说是一个新观念。有一种可以改进的方法,即以实践者为中心的机构将研究纳入针对实践者的出版物和会议中,在方式上既介绍研究本身,也介绍该研究在课堂中的应用。

如何找到研究文献?

选择一个数据库,然后开始查找!谷歌学术(scholar. google. com)是一个很好的起点。它有熟悉的界面,很像常用的谷歌,而且容易访问。你也可以尝试其他数据库,例如ProQuest,EBSCOhost,ERIC,Academic Search Complete,等等。有些数据库更通用(比如谷歌学术),而另一些则属于特定的某些学科(比如 SciFinder 专用于化学)。重要的是选择一个涵盖了你的兴趣领域的数据库,并且熟悉如何使用你选择的数据库。

每个数据库检索功能的工作方式略有不同,因此在检索前了解数据库如何使用非常重要。例如,有些数据库在处理"chemical"这样的一个词时,会自动检索类似的词,如"chemicals"或者"chemically",而其他数据库只检索"chemical"。同样地,你需要知道如何使用布尔运算符,如"and""or""not"等,以及这些运算符在每个数据库中以何种特定的方式使用。另外还要注意检索中如何使用引号。通常如果给一个短语加上引号,就会精确检索这个短语。如果短语不加引号,则会检索短语中的任何单词,但不一定是合在一起的短语。你可以在网上找到这些信息,但是图书馆员(特别是研究图书馆员)在你学习如何搜索每个数据库方面确实很有帮助。

检索词

找到合适论文的关键之一是使用正确的检索词。首先集思广益,找出可能有用的术语和相关术语。你在主题中使用的词可能就是用来查找所需研究文献最合适的检索词。你也可能会发现在有用的研究中使用了一个与你的术语不同但类似的词来描述同一事物。让我们看一个例子。确切的检索主题是*学生对物质的理解*。一个更宽泛的主题可能是*化学*,一个副主题可能是*对物质微粒性质的错误理解*。确定类似的词条可能有点复杂微妙,但你可以试着用*知识* 代替认识,或者在检索中添加青少年或儿童来进一步筛选学生。当涉及到物质时,你也可以尝试使用物质的类型,如*相*、*固体*、*液体*或气体,或物质的一部分,如粒子、原子、分子或离子。开始检索并找到一些论文后,你应该查看这些论文的关键词,看看这些论文是否使用了不同的词来描述你检索的主题。如果使用的是你没有想到的术语,你可以考虑将它添加到你的检索术语清单中。许多论文都使用作者提供的关键词来帮助检索到该论文。这些关键词可以很好地帮助你了解在这类期刊上使用的该领域的特定术语。

除了在你找到的论文中寻找关键词外,还可以查看论文末尾的参考文献。一旦找到了一篇与你的主题相关的论文,它很可能会引用其他对你也有用的论文。这些论文不仅会在你读的这篇论文的参考文献中列出,而且在论文的正文中也会有一两句话,让你了解它们之间的关联。例如,论文可能会介绍研究人员以前研究过 X 主题,并且在相似的学生群体中发现了 Y。或者研究人员注意到之前在人群 A 中发现的一个特定的错误概念并未在人群 B 中发现。

付费墙

试想，你找到了一个你喜欢的数据库，选择了正确的关键词，最后找到了一篇完全符合你需要的研究论文。你点击链接，然后面对的是付费墙。这篇论文不是免费的，你需要付费才能阅读。是哪里出错了吗？答案是哪里都没错。有些论文很容易免费获得，但另一些则被挡在付费墙后面。期刊的最大盈利来自期刊订阅或出售一篇篇论文。越来越多的期刊转而向希望在期刊上发表论文的作者收取加工费，来实现论文的开放，供所有读者免费访问。有些期刊，例如《化学教育》，在某些论文被选为编辑推荐论文后，会开放对这些论文的访问，任何人都可以在期刊的网站上访问这些论文。如果你是专业机构的会员，比如国家科学教师协会（National Science Teachers Association，NSTA），你通常可以在网上免费（或者按优惠价格）阅读该机构期刊上发表的文章。你也可以在网上找到一些免费的文章，因为它们是在第三方网站上发布的。但请注意，并非所有这一类论文都是合法获取或发布的。

如果遇到收费墙，请向你所在地的图书馆员寻求帮助。在某些地区，公共图书馆可以访问研究期刊，任何持有图书卡的人都可以免费访问。如果你在公立大学附近，就去那里的图书馆！大学图书馆对公众开放，任何人都可以使用。那里通常有电脑可以用来访问研究论文，你也可以使用自己的笔记本电脑在大学的互联网上访问研究数据库。你可能无法在那里打印论文，但可以保存一份副本供以后阅读或打印。大学图书馆也设有研究图书馆员，他们擅长查找信息，比如某个主题的研究论文在哪里可以找到。在做研究时，他们也特别擅长帮助你确定需要的关键词或其他来源。你还可以联系学校的行政管理人员，询问你的学校或地区是否可以访问研究期刊。最后，你还可以联系论文的作者索要论文。他们有时候会通过邮件发送给你。但请注意，如果论文不是最近发表的，作者的联络信息可能已经过期。

教学实践期刊与研究期刊

你会发现有三种主要类型的论文：研究综述类、教学实践类和研究类。综述类论文有几种形式，但综述类论文可能不是你想要的。不过，不要完全忽略这类论文，因为它们是找到其他可能更有用的论文的好来源。一篇研究综述顾名思义就是一篇关于某个主题已经发表的研究文献的回顾。有些综述采用元分析的方式，重新审视论文中的数据，并在新的文献分析中使用这些数据和发现。另一些综述则是经过总结的、在文献回顾中讨论到的主题相关论文的汇总。

教学实践类论文往往包括大量的实施指导、课堂上使用的活动以及当前教育中的相关主题信息。这些期刊通常（但并不总是）不包括研究论文，而是侧重于教师在课堂上的实践尝试和成功经验。这些期刊是寻找供课堂使用的课程、实验和其他活动的好地方，但不太可能就错误概念或者可供你使用的课堂最佳实践提供大量有研究支持的信息。

相对而言，一篇研究论文也不太可能包括具体的课程，除非课程有效性是研究的一部分。但即便如此，研究论文也不太可能包括实际的课程，包括的是课程或单元的描述或大纲。研究类论文是寻找特定人群里学生（或成年人）对某一特定主题持有错误概念的好地方。研究论文也是寻找信息的好地方,这些信息包括什么样的教学法总体上最有助于纠正错误概念,或者对某个专题教学最有帮助。

如何确定是不是"好"的研究论文

确定是不是一篇好论文,需要考虑两点:它是否来自声誉良好的期刊,以及它是否符合你的需要。确定期刊是否声誉良好不是一件简单的事情,但也有一些线索可循,比如影响因子(影响因子越高越好,尽管论文的实际价值因领域而异)、论文接受率(通常越低越好),或者是否由该领域的专业机构出版。如果你读到一篇论文,发现了很多在发表之前没有纠正的印刷、语法和拼写错误,这可能也是判断论文来源质量的另一条线索。如果你不确定,图书馆员可以帮助你判断期刊的质量。大学图书馆的研究馆员特别善于发现论文来源并判断质量。

至于期刊论文是否符合你的需要,你必须自己确定标准。首先阅读摘要,摘要是对研究和发现的总结。它可以为你提供足够的信息来判断文章的其余部分是否与你的工作相关,是否值得阅读。接下来,看看研究对象是否符合你的情况。研究对象不一定要与你的课堂教学完全匹配,但需要足够接近和相关。例如,如果你教高中,初中或大学新生人群可能还是与你的需要相关,但针对一年级学生的研究就不太可能对你有用。然后,看看结果。作者是否报告了与你的教学环境相关的发现? 如果有研究结果,包括研究如何与你的课堂相关,那就更好了,但并不总是有这样的发现。你可能更希望寻找一些感兴趣的内容。例如,论文是否报告了可能在你的课堂上出现的错误概念、适用于课堂的最佳实践或新颖方法?

如何阅读研究文献?

你当然可以从头到尾来阅读一篇研究论文,但直接读最感兴趣的部分,可能让你更快地在论文中找到想要的东西。如果你知道论文的某一部分让你感兴趣,那就先读这部分。例如,你要寻找针对某个主题好的评估方法。在这种情况下,可以从研究方法部分入手,了解使用了哪些评估方法,然后再阅读讨论部分,看看评估结果有什么发现。如果你不确定论文的哪个部分是最相关的,请参考下面的阅读策略。你可以把论文打印出来,以便在阅读时做标记和笔记,或者你也可以在平板电脑上使用应用程序在 PDF 文件上做笔记。如果这两个方法都不好用,那就把笔记本放在手边,记录你发现的内容和它出现的地方备查。

1. 当你找到这篇论文并且确定它是否符合你的需要时,你可能已经读了摘要,所以现在暂时跳过摘要。

2. 阅读引言和研究目的,寻找研究问题。找出作者在研究什么(引言和研究问题),找出为什么这个研究很重要。这部分内容会先解释这项研究与研究文献的契合之处,可以为你提供线索,说明该研究填补了既往研究文献中的空白,与你的课堂实践相关。这部分也可能提示还有其他针对你所关心的问题的研究;有时你会发现其他的研究也与你的工作相关,所以要注意这些被引用的研究。记下任何看起来与你当前检索相关的研究。你可以在论文结尾的参考文献部分找到完整的引用。

3. 略读方法部分。不需要现在就通读，但要通过略读了解研究做了什么。研究对象/人群和你的学生相似吗？是否使用了某种方法来提供可能与你的课堂相关的信息？这些方法是否提供了适用于你感兴趣的研究对象的结果？你了解该研究所用的方法吗？如果你不熟悉这些方法，可能更难判断这项研究是否与你自己的课堂或研究有关。查看研究人群是否与你感兴趣的群体相似，但如果不完全一致，也不一定就忽略这篇论文。例如，如果你对高中生在学习生物时对进化的理解感兴趣，那么一篇包含了一组高中生学习生物的论文将会很理想，但另一项包含一组初中学生学习进化的研究也可能有参考价值。然而，一群研究生学习进化的某个具体部分的研究可能就没有那么相关了，除非你查找的是如何教授进化中独特又晦涩难懂的部分。

4. 查看总结、结论和（或）研究重要性。这些部分可能在论文里都有，也可能只有其中一个。它们有可能用的其他名称，但通常会出现在论文的末尾，在参考文献之前。这些部分会告诉你为什么其他人会对这项研究的结果感兴趣，也对这个项目的后续研究应该做的工作提出建议。这些部分可能会告诉你研究者在他们的研究中发现了什么，这些发现意味着什么，以及为什么这些发现很重要。还可能包括关于这些结果如何与你的课堂或工作相关的信息。注意该研究的重大影响。有时候从广义上看，这些影响并不大，但对你的课堂来说，可能影响深远。

5. 停下来深呼吸。你已经通读了一篇研究论文，现在来确定你还需要什么。需要更多的背景信息？去读文献综述部分。需要更多关于研究的具体结果的信息？去读结果部分。需要更多关于研究结果如何与研究文献相结合的信息？去读讨论部分。

如何把研究文献转化到课堂教学？

找到了符合你需要的研究论文后，你还需要把这些研究转化到你的课堂上。虽然你可以直接使用教学实践类论文中的课程、实验或其他活动，但仍然需要对这些内容加以调整来适合你的学生。当涉及研究论文时，你需要将这些信息转化使用，为课堂活动提供参考，而不是直接在课堂上实施。通常课程或单元不会与某项研究一起发表在文献中，但你可以联系作者询问可否提供课程。你还可以查看许多期刊在网站上和论文一起发布的补充信息，有时课程会作为补充信息发布。谷歌上也经常可以检索到关于研究人员和（或）课程的信息。

错误概念可以用于学前评估，也可以用于编写课堂教案。教师在设计课堂教学时，要谨记已知的错误概念。通过学前评估来了解学生中有多少人持有研究文献中介绍的错误概念，确定学生都有哪些具体的错误概念，这对课堂教学很有帮助。有经验的教师可以使用多年来从学生那里发现的错误概念，但也应该了解研究者发现了哪些错误概念。一旦认识到错误概念，教学就可以针对具体的错误概念加以纠正。

在文献中也可以找到针对特定主题教学的最佳实践。有时,一些简单的做法在论文中就有明确的定义,而另一些则可能需要外部信息。教师可以找到最佳实践,然后在网上查找更多信息,或者查找与这些实践相关的职业发展信息。

参考文献

Dynarski, M. (2010). Connecting education research to practitioners—and practitioners to educa-tion research. *Phi Delta Kappan*, 92(1), 61-65.

Kyei-Blankson, L. (2014). Training math and science teacher-researchers in a collaborative research environment: Implications for math and science education. *International Journal of Science and Mathematics Education*, 12(5), 1047-1065.

NSTA Board of Directors. (2017). *NSTA position statement: The role of research on science teach-ing and learning*.

第二部分
为初中水平设计的基于项目的 STEM 单元示例

第 五 章

天文学习中的现实探索(REAL)

REAL 的故事始于 2007 年 6 月。我(Jennifer Wilhelm)的背景是物理学(学士和硕士学位),拥有科学和数学教育博士学位,毕业论文是基于项目的教学(评估学生在有丰富的技术和通过项目加强学习的环境中对声波和三角函数推理的理解)。我和我的丈夫、天文学家罗恩·威廉(Ron Wilhelm,物理学和天文学博士)带着两个孩子从得克萨斯州的卢伯克(Lubbock)到黄石国家公园(Yellowstone National Park)短暂度假。这趟旅行我并不特别兴奋,因为我正忙着为升职和终身教职准备材料。在穿越美国的 1 090 英里旅程中,我们有很多时间来讨论下一个项目计划。我在自己的学位论文中研究通过项目加强调查的方法时,罗恩就已经开始接受了这种方法,从那以后他就开始在天文学课上一直使用这个方法。正是在这次旅途中,我们酝酿出了关于 REAL 的想法,后来在那年秋天,我们申请了美国宇航局的经费资助我们基于项目的 REAL 单元。我们于 2007 年 10 月获得拨款,开始设计、开发、实施和研究。

自 REAL 启动以来,我们在两个州的 20 多所中学里进行了实施,并对其有效性进行了数十项研究。我们对 70 名初中科学和(或)数学教师进行了专业培训,他们的学生有 8 000 多人。这些研究不仅调查了学生如何在基于项目的教学(PBI)环境中学习,而且还比较了地球/空间理解中的性别差异。对照组也被纳入我们的研究设计中,我们通过比较"惯常的"(BAU)地球/空间教学与 PBI REAL 单元的效果来检验学生学习的差异。最近,我们详细研究了教师实施的差异(关于课程教学的忠实度)及其对学生学习结果的影响(Lamar,Wilhelm & Cole,2018)。还有一项研究考察了不同性别群体和种族/族裔群体在 BAU 和 REAL 课堂上关于月球内容和空间的评估中表现如何(Wilhelm,Toland & Cole,2017)。

对数千名学生进行的 REAL 调查显示,所有学生(包括休学间隔的学生)在理解方面都有显著进步(例如,Wilhelm,2009;Wilhelm et al.,2017;Wilhelm,Cameron,Cole & Pardee,2015;Wilhelm,Jackson,Sullivan,& Wilhelm,2013)。在 Wilhelm(2009)和 Wilhelm 等人(2013)的研究中,体验过 REAL 的学生在科学评估和几何空间评估方面取得了显著进步。结果显示,所有实验亚组(男性和女性)在四项评估(包括三项空间数学评估)中均取得显著进步。此外,在几何课的前测中起点较低的女生能够在课后评估时缩小与男生的差距。

文献综述

基于项目的 REAL 单元涉及地球/空间环境,其中包含与月球相关的数学和科学内容,这些内容和"下一代科学标准"(NGSS Lead States,2013)和"国家通用数学核心标准"(CCSS-M)一致。围绕着国家标准发展而来,REAL 单元的驱动问题是:为什么月球的形状看起来总是在变化? 该单元旨在(a)通过开发创新项目、基准课程、里程碑和虚拟学习共同体,培养学习者对空间科学大概念的理解;(b)为学习者创造"做数学"的体验,挑战他们(i)以图形和几何方式分析和表示情况(ii)识别并使用叠加概念来描述行星表面现象,(iii)观察规律和函数关系来进行天文预测,以及(iv)开发并使用空间可视化技术对太阳系现象按比例缩小建模。

NGSS 规定学生应通过以下方法来展示与月球有关的理解:(a)开发或使用地球-太阳-月球系统模型来描述月球相位的周期性规律,以及(b)分析解释数据以确定太阳系中物体的缩放属性(NGSS Lead States,2013,p.78)。这些标准通过数学实践 MP.2(抽象和定量的推理)和 MP.4(数学模型),以及标准 6.RP.A.1(理解比率的概念并使用比率语言描述两个数量之间的比率关系)和 7.RP.A.2(识别并表示数量之间的比例关系)与"国家通用数学核心标准"(CCSS-M)紧密相连。

遗憾的是,所有年龄段(小学至大学)的学习者在理解与月球有关的内容方面都非常困难,尤其是那些与月相成因有关的内容(Baxter,1989;Zeilik & Bisard,2000;Mulholland & Ginns,2008;Venville,Louisell,& Wilhelm,2012;Wilhelm,2014;Wilhelm et al.,2015;Wilhelm et al.,2017)。学生在解释月相时常见的错误概念是阻塞观(例如,天体、"黑空间"、云——Wilhelm,2009;Venville et al.,2012)或阴影观(例如,地球的阴影投射到月球上,太阳的阴影——Wilhelm et al.,2017)。学生无法想象地球和月球之间的距离、地球/月球/太阳系的几何结构和(或)月球轨道相对于地球和太阳的方向,这会导致学生产生错误理解。研究表明,学习者对月相和其他天文现象(天体运动、季节星座、季节成因、月食等)的理解困难和他们的空间意识之间有相关性(Fanetti,2001;Wilhelm,2009;Wilhelm et al.,2013;Plummer,Bower & Liben,2016;Cole,Cohen,Wilhelm & Lindell,2018;Wilhelm et al.,2018)。在理解季节成因方面,学生有许多错误概念。通常,学生认为季节的主要成因是地球与太阳之间距离的变化。学生往往认为地球有着高度夸张的椭圆轨道而不是较为圆形的轨道,从而得出结论:地球离太阳最远的时候冬天就来了(De Paor et al.,2017)。

REAL 学习预期

REAL 课程单元涉及 NGSS 中的学科核心思想、预期表现和交叉概念,例如对月相规律(ESS1-1)和太阳、月球和恒星的明显运动(ESS1.A)进行建模。REAL 建模从学生进行观察开始,包括有机会预测和解释观察到的运动。REAL 课程中针对的明确的 CCSS-M 有:比率

(6. RP. A. 1,6. RP. A. 3)和比例关系(7. RP. A. 2),用于创建地球、月球和火星的比例模型(ESS1-3),强调角度测量(7. G. B. 5),以确定地球上的位置(经度和纬度),并记录天体在天空中的位置(高度角和方位角)。REAL 课程调查的协作性使学生能够与不同的合作伙伴进行科学论证和讨论(SL. 6.1),以培养学生的科学素养和对词汇(L. 6.6)及内容的理解。在整个 REAL 单元中,课程通过 NGSS 交叉概念以及 CCSS-M 实践来处理空间域,NGSS 交叉概念涉及规律、比例尺、比例和数量、系统和系统模型,CCSS-M 实践的例子如:用数学建模,在重复推理中寻找和表达规律。

设计 REAL 时,空间体验有目的地贯穿在整个基准课程中。空间体验使学生参与(a)二维和三维地理空间可视化(地理空间可视化GSP:将系统在系统平面上/下/内的几何方向上可视化),(b)空间投影(空间投影 SP:投影到不同位置并从该角度可视化),(c)记录基本方向(基本方向 CD:区分东、西、南、北方向以记录物体在空间中的矢量位置)和(d)识别周期规律(周期规律 PP:按照时间和/或空间的规则间隔发生)。

在 REAL 单元中对理解的评估是持续的。形成性评估、终结性评估和里程碑贯穿整个单元。测量学生空间推理水平、对月相和月食的理解以及几何空间理解的调查可以在本单元开始前进行。项目工作的里程碑、日志记录和基准课程有助于评估单元进行过程中学生的理解,涉及最终项目的终结性成绩评估可以用来说明学生的最终发展水平。评估学生对本单元的理解所进行的调查如表5.1所示。

表 5.1 REAL 中使用的评估

评估	开发者	类型
月球日志	Wilhelm & Wilhelm(2007)	每天记录月球数据、草图和叙述的开放式日志,持续约5周
里程碑	Polman(2000)[罗里·瓦格勒的里程碑]	里程碑标记——共享项目状态的检查点(所有阶段)
月相概念清单(LPCI)	Lindell & Olsen(2002)	20 道科学概念调查选择题(可选项数量不同)
普渡大学空间可视化测试——旋转(PSVT Rot)	Bodner & Guay(1997)	20 道想象旋转测验选择题
几何空间评估(GSA)	Wilhelm, Ganesh, Sherrod, & Ji (2007)	16 道几何空间域评估选择题
项目评估量表	Wilhelm (2009)[改编自 Kathy Schrock 的教育者指南]	四分制成绩评估量表

基准课程

表 5.2 概述了 REAL 基准课程的进展情况(所有详细的课程都在本章末尾)。学生完成5周的月球日志,记录每天的观测(包括高度角和方位角)并寻找规律(见图5.1)。先前的

研究表明,在这些日志上投入更多精力的学生在月球知识和空间推理方面的后测成绩都更好(Cole,Wilhelm,& Yang,2015)。学生还与来自世界各地的学生线上参与,比较和对比他们的天文观测,以了解(1)月球和(2)相对位置和运动的重要性。学生利用免费的天文馆软件Stellarium(Chéreau,2010),将当地的天空数据与澳大利亚和南半球其他地区的天空数据进行比较。

本单元继续让学生探索如何测量天空中物体之间的距离(第2课和第4课)。第3课中学生通过探索经纬度来记录他们在地球上的位置;虽然学生认为自己知道如何使用经纬度,但相关研究表明,他们很难将角度测量与经纬度测量联系起来(Russey,Wilhelm,& Jackson,2013)。第5课引导学生对季节进行模拟体验,发现季节自身的成因。第6课和第7课观察月球整体特征和陨石坑。第8课和第9课中学生调查太阳系的大小,并对不同月相所需的地球/月球/太阳几何结构进行二维/三维建模。在整个单元中,学生参与里程碑、形成性评估和项目工作。

表 5.2　REAL 单元内的基准课程

第1课	**我能每天晚上都看到月亮吗？为什么月亮看起来会改变形状？** 1. 学生一起听故事《许多月亮》,小组讨论月球的大小和地球的距离,以及构成。 2. 月球日志——学生每天做月球观测日志,持续5周。每天记录月球的位置(方位角和高度角),绘制月球的形状,并寻找月球外观和位置的变化规律[a]。
第2课	**如何测量天空中物体之间的距离？**——学生学会用拳头测量天空中物体之间的距离,也使用这种方法来估计月球在天空中的位置。
第2A课	**用 Stellarium 探索天空**——学生观察一天内月球的明显运动,并将其与南北半球的位置进行比较。(Stellarium 是一款天象模拟软件)
第3课	**如何判断我在地球上的位置？**——学生探索经纬度的概念,包括讨论这些角度来自何处,我们在地球上的位置如何影响我们看到的天空中太阳的位置。
第4课	**如何确定天空中物体的位置？**——学生使用天空地图来定位天空中的恒星、行星和星座。学生一边看一边画,然后测量天空中恒星之间的角距离。
第5课	**为什么有四季？**——学生模拟季节,探索地球上四季的成因。
第6课	**通过观察月球表面我们能学到什么？**——学生比较月球上高地和月海的照片,以确定各自的相对年龄和每个区域陨石坑密度,并推断早期太阳系的情况。
第7课	**什么影响陨石坑的大小？**——学生集体讨论影响陨石坑大小的变量,然后通过自己制作陨石坑来研究其中一个变量。本课程包括讨论自变量和因变量以及制图[a]。
第8课	**按比例缩小的地球、月球和火星模型**——学生使用比率和比例概念,通过制作地球、月球和火星的比例模型,更好地理解宇宙的大小。
第9课	**月球结束课**——学生使用泡沫球和电灯来认识形成月球相位所需的地球/月球/太阳几何结构。要求学生查阅月球观测日志,以确认他们的几何结构是否与自然界观测到的相符。

[a]技术:班级望远镜,Excel 表格和图表,几何画板,Stellarium 软件,指南针应用程序,与来自世界各地的学生在线虚拟数据比较。

2014 年 9 月 5 日,星期五	2014 年 9 月 6 日,星期六	2014 年 9 月 7 日,星期日	2014 年 9 月 8 日,星期一
时间:晚上 9:41	时间:晚上 9:30	时间:晚上 9:37	时间:晚上 9:46
方向:南	方向:西南偏南	方向:东南	方向:东南
高度角:35 度	高度角:30 度	高度角:28 度	高度角:30 度
方位角:176 度	方位角:165 度	方位角:127 度	方位角:122 度
月亮看起来越来越丰满,这应该是由于月弓的产生。 月亮上较暗的地方可能是陨石坑,我很久没观察到月亮上的陨石坑了。	云朵靠近月亮但没有接触。今天的天气过后,我很惊讶因为雨太大月亮不见了。月亮还没有100%满月,但似乎正在接近。我担心我的方位角没有改变。我哥哥建议我每天晚上用奶酪来给月亮命名:Mozarella!!	今晚月亮是圆的。遗憾的是,云层覆盖了月亮,所以这个记录是用Stellairum 做的。	尽管现在下着瓢泼大雨,我还是能看到满月。我确实发现很难获得读数,因为水滴正从我的头发上落下,但我注意到方位角正在减小,我认为这是由于月亮移动造成的,因为昨晚和今晚的读数几乎是同时记录的。

图 5.1　学生月球日志记录

项目

　　REAL 中的项目可以在学生通过日志记录观测结果开始月球探索时就及早启动,也可以在他们开始确立了月球规律、培养了对地球/月球/太阳系更好的空间意识后稍晚的时候再启动。一些实施了 REAL 的教师觉得需要一个支撑小项目,因为这通常是学生第一次提出自己的子驱动问题。为了达到这个目的,在 REAL 课程中增加了一个名为"月球骗局调查"的小型项目调查。在该调查中,学生观看了 2001 年福克斯网络视频"阴谋论:我们登陆月球了吗?"该视频声称 1969 年的登月是美国宇航局伪造的。

　　这段视频提出了登月怀疑论者所说的各种"证据",说明我们没有登上月球。比如有一个说法是质问为什么黑色的夜空上看不到星星。怀疑论者声称没有背景星星证明登月照片是在电影制片厂拍摄的。怀疑论者提出的其他问题还包括(1)月球上没有空气,美国国旗为什么在飘扬?(2)宇航服体积庞大,宇航员如何熟练操作胸前安装的摄像机,拍摄了几千张非常清晰的照片?(3)太阳是唯一的光源时,为什么阴影会投射到不同的方向?(月球骗局的其他说法见本章末尾）。在这个小型项目调查中，学生选择怀疑论者的一个说法进行更仔细的研究。研究"看不到星星"这一说法的学生能够制作出类似的地球夜空照片，显示即使这些星星是肉眼可见的，照片上也是看不到的。学生得出结论，月球天空照片中看不到星星是由于相机曝光时间不足。为了驳斥怀疑论者的其他说法，学生进行了类似的调查。这个小项目背后的想法是，给学生一个起点（选择调查哪一个说法），让学生建立子驱动问题框架。例如，没有显示背景星星的天空照片能证明没有背景星星吗？从这里开始，学生决定如何着手回答他们的子驱动问题，需要收集什么数据，需要如何分析数据，如何表示数据，以及他们的调查结果到底表明了什么或者没有表明什么。这项小型调查可以为大型项目工作提供必要的支撑。

项目工作——提醒一下，本单元的总体驱动问题是：为什么月球的形状看起来总是在变化？ 以前学生参与的项目调查了以下子驱动问题：地球上的位置如何影响月球观测？光污染如何影响夜空观测？当月球绕地球运行时，会扫出什么样的轨道，就像地球和月球绕太阳运行一样？什么因素决定了撞击坑在地球两个半球的分布？什么导致了地球的季节变化，其他行星有季节吗？

这里将重点介绍两个项目。学生调查了子驱动问题——当月球绕地球运行时，会扫出什么样的轨道，就像地球和月球绕太阳运行一样？学生选择使用 Geometers' Sketchpad（GSP，版权所有© 2015 McGraw-Hill Education 2018）对地球/月球/太阳的动态系统进行建模来研究这个问题。使用六年级 CCSS-M 比率和比例来确定地球/月球/太阳系的适当比例尺大小（由于屏幕尺寸的限制，进行了一些假设和调整）。图 5.2 显示了缩放系统，绿色圆形路径表示地球绕太阳的路径，红色扇形路径表示月球绕地球的路径，就像地球和月球绕太阳的路径一样。

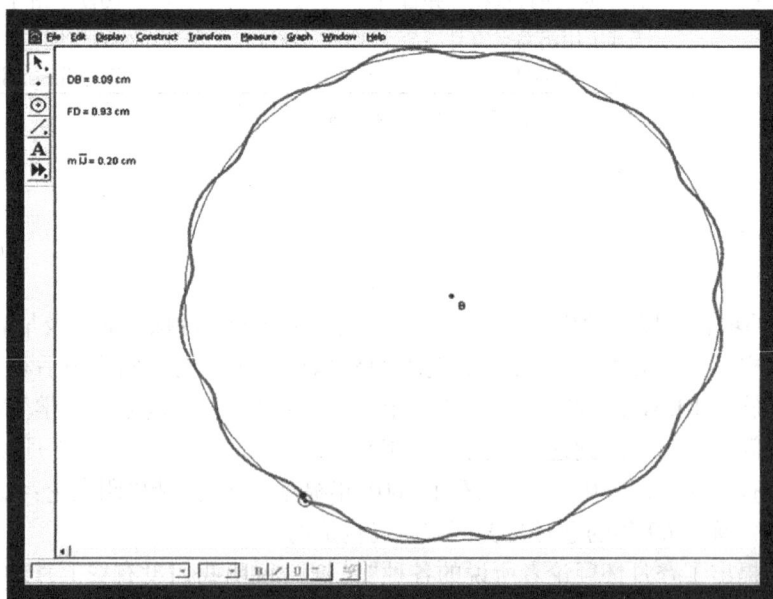

图 5.2　一年间的月球轨道模型（月球绕地球运行，就像地球和月球绕太阳运行一样）

第二个重点项目涉及的子驱动问题是——地球上的位置如何影响月球观测？ 为此，学生利用海军海洋物理门户网站收集了地球上两个不同位置的月球高度角数据（图 5.3）。学生从肯塔基州和澳大利亚这两个角度研究了最大高度角每天是如何变化的。学生注意到，当月亮在肯塔基州列克星敦（北半球）高的时候，在澳大利亚昆士兰（南半球）就低。学生还注意到澳大利亚数据中的特殊倾角，并思考倾角是真实存在的还是由于测量高度角的方式造成的。

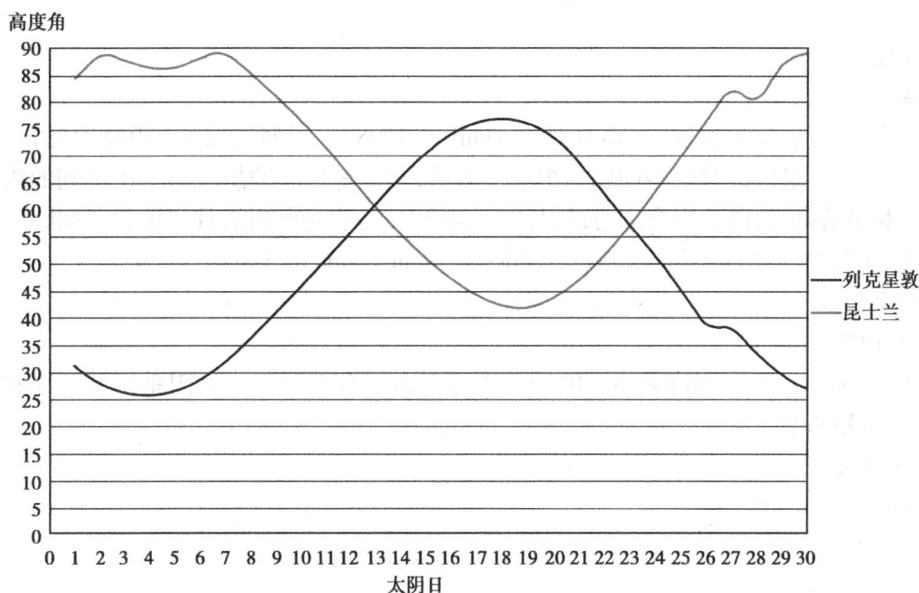

图 5.3　月球高度解

总结

在本章中，我们描述了为初中年级学生设计的 REAL PBI 单元，设计背后的研究，以及研究的实施。本章还分享了关键组成部分（驱动问题、子驱动问题示例、评估、技术和基准课程）。REAL 的故事记录了 21 世纪 STEM 教育者在自己的课堂上体验和改编适应跨学科的 PBI 单元的一种方法。一个可以进一步探究的资源是免费的天象模拟软件，比如 Stellarium。当天气问题造成月球日志观测困难时，使用 Stellarium 作为补充就非常重要，可以用其来虚拟观察南半球的天空。记录月球日志是本单元的另一个重要组成部分，它为教师提供了形成性评估。月球日志早期可以发现学生的错误概念，后期学生记录高度角和方位角、月球光照百分比、月升和月落时间，并注意到月球"向东"运动表示月球在整个农历月的轨道，月球日志可以显示学生对月球规律和趋势的理解是否加深。

另一个需要考虑的想法是参与在线学习共同体，学生可以与全球的学生进行协调和合作，比较各自的天空观测结果，并对物体有时候因位置不同而形状可能改变的原因进行空间上的可视化。学生会发现，视角很重要，而地球位置的变化可能会改变月球看起来发光的一面，但月球光照和相位的百分比保持不变。

第1课:我能每天白天晚上都看到月亮吗? 为什么月亮看起来会改变形状?

教师教案

概述

在本节课中,学生听故事《许多月亮》(Thurber,1998)。月球有多大,距离地球多远,构成是什么,学生小组讨论对这些问题的想法。然后,学生将自己的想法与书中读到的内容进行比较。本课结束时,向学生介绍月球日志,学生每天记录观察到的月球位置、形状和运动,持续5周(课程改编自 Glandon(2000),Caldecott Connections to Science)。

对应标准

NGSS DCI

● ESS1. B:太阳系中有许多不同的物体通过引力结合在一起。太阳系模型解释和预测日月食、月相和四季。

NGSS 交叉概念

● 规律。

● 系统和系统模型。

NGSS 科学与工程实践

● 提出问题和定义问题。

● 开发和使用模型。

● 分析和解读数据。

● 获取、评估、交流信息。

材料

● 学生表格(每组四人一张)。

● James Thurber(1998)的《许多月亮》。

课程顺序

引入:

1. 课程开始先讨论学生知道的关于月球的故事。

2. 介绍 James Thurber 的《许多月亮》,读整本书或者部分章节,向学生提出以下问题。

(a)你认为月球有多大,距离地球多远,构成是什么?

(b)既然你知道莱诺公主是怎么想的,你会怎么解决国王的问题呢?

3. 让学生从1到4报数,然后四人一组,决定如何解决国王的问题。这项任务应该给学生大约15分钟的时间。所有小组都需要有一个记录员(记录小组可能的解决方案)、一个发言人(口头向全班同学介绍本组的讨论结果和/或解决方案)、一个鼓励者(确保小组注意力集中)和一个计时员(确保小组准时完成)(Glandon,2000)。小组的发言人应该向全班展示他们小组对国王问题的解决方案。

4. 全班讨论:"我能每天白天晚上都看到月亮吗?"在讨论过程中,可能会出现其他问题,应将这些问题记在课堂驱动问题板上。

5.学生最初的任务是观察月球5周,并记录下月球观测日志,任务应该有说明。首先,学生要在日志中交流关于月球和天空他们看到的和想知道的。但是,在REAL第2和第3课(测量课)之后,学生应该扩大记录,包括更有目的的数据收集,如时间、高度角和方位角。学生还应该预测第二天晚上月亮会在什么位置,以及这样预测的原因。如果月球不在预期的位置,他们需要推测原因。更详细的记录应该在历时5周观察的第二周开始。

探索:

1.每周,学生都应该分享和探讨班级成员的日志观察,比较和对比月球观测结果。

2.探索阶段应持续大约5周,并与解释阶段重叠。第2课到第4课应该贯穿在这个阶段进行,大部分日志记录是在课外进行的。

解释:

在这5周里,学生要试着找出月球的规律,并解释自己的日志与班级其他成员的日志之间的任何差异。

详述:

允许学生参与在线月球项目,让学生与来自世界各地的学生分享月球观测结果,为学生提供进一步的研究。学生应该试着解释其他学生的观察和自己的观察相同还是不同,以及为什么相同或不同。

评价:

提供机会让学生回顾和反思自己的月球学习和其他学生的想法,为什么月球形状看起来会改变,并且在一整个月里出现的时间不同。给学生机会讨论他们的想法和观点。要求学生为自己的推测提供证据。

学生学案

第一部分:改编自Glandon(2000)的 *Caldecott Connections to Science* 一书

1.你知道关于月球的什么故事?

_____

_____

2.听听关于莱诺公主的故事。

3.你认为月球有多大,距离地球多远,构成是什么?

大小:_____

_____

距离:_____

_____

构成:_____

_____

4.既然你知道莱诺公主的想法,你会如何帮助国王解决公主的问题?

_____

_____

第二部分:创建月球日志

5.请你每天大约在同一时间观察月亮。你可以选择时间。(提示:你可能某个时候需要调整你的月球观测时间。)

6.你可以按自己的意愿来装饰月球日志的封面。对于日志的每条记录,有两个要求：

(1)画一幅简单的月亮和天空的素描。一定要记下观察的日期和时间。

(2)至少写两句话来记录观察。(提示：可以描述你所看到的和你想知道的。观察了几天之后,要开始预测第二天可能会看到什么。)

7.加分项：你知道关于月亮的诗吗? 在第一周观察后,考虑写一首短诗。这是一个学生写的诗歌的例子。

美丽的月亮
许多灵魂的向导
天空中的灯笼

你认为这首诗的作者想表达什么? _____

_____

第 2 课：如何测量天空中物体之间的距离？

教师教案

概述

学生学会用拳头测量天空中物体之间的距离,也使用这种方法来估计月球在天空中的位置。学生用比率和比例关系来理解为什么无论人高矮胖瘦拳头方法都有效。学生测量角度,收集数据,绘制数据图表,研究数据中的规律,并从数据中得出适当的结论。

对应标准

NGSS 交叉概念

● 规律。

● 比例尺、比例和数量。

NGSS 科学与工程实践

● 分析和解读数据。

● 运用数学和计算思维。

● 构建解释和设计解决方案。

国家通用数学核心标准

● 6. RP. A. 1(比率和比例关系)——理解比率的概念,使用比率语言描述两个数量之间的比率关系。

● 7. RP. A. 2(比率和比例关系)——识别并表示数量之间的比例关系。

● 7. G. A. 2(几何学)——在给定条件下绘制(手工绘制,用尺子和量角器,用技术)几何形状。

● 6. EE. C. 9(表达式和方程)——使用变量来表示真实问题中相互关联发生变化的两个数量；编写一个方程,用一个量(将其视为自变量)来表示另一个量(将其视为因变量)。用图表分析因变量和自变量之间的关系,并将图表与方程联系起来。

材料

● 米尺(每对学生一个)。

- 大约 2 米长的细绳或纱线（每对学生一根）。
- 量角器（每对学生一个）。
- 卷尺或直尺（每对学生一把）。
- 绘图纸或计算机绘图软件。

课程顺序

引入：

1. 在远处的墙上挑一个物体，让学生（从座位处）估计它的长度。（适合用米尺。）

2. 让学生从自己的角度计算盖住这个物体要用几次拇指（用拇指的宽度）。（让学生先用自己喜欢的方法测量。你将观察到各种各样的技巧。）

探索：

1. 绘制拇指使用次数与物体距离的关系图。（教师注意：不要告诉学生伸出双臂——图表很可能会分散。）

2. 让学生讨论如何测量。现在让每个学生在手臂完全伸展的情况下测量拇指使用次数。

3. 每组 5~10 个学生，让小组用教室前面的米尺长度系统地记录拇指使用次数。（人数较多的班级，教室前面应使用三个米尺——教室右边，中间和左边的小组各用一个。这有助于确保每个学生都在测量他们正前方的米尺。）为便于组织，最好是小组中的三或四名学生从距离米尺至少八个间距进行测量（任何距离都不应小于 3 米）。

4. 让学生为小组中每个学生的数据绘制拇指数与距离的关系图。使用 Excel 对此绘图活动十分有用。讨论因变量和自变量对本课也很重要。拇指的数量是因变量，距离是自变量。

解释：

使用拇指宽度次数与距离的关系。

1. 构建并比较针对数据中出现的任何规律的解释。从小组讨论开始，提出可能的解释，然后全班讨论，比较各个小组的结果。（教师注意：学生应该找出拇指宽度和距离之间的反比关系。学生还应了解手臂伸展的必要性。）

2. 学生需要注意到反比关系，即 N（拇指数）与 1/距离成正比。

详述：

1. 为了进一步研究，把手握成拳头，用拳头（拳头朝向为拇指向上，对着左边）代替拇指来测量米尺。让学生找到一个位置，拳头不多不少正好遮住米尺。

2. 用量角器和纱线来测量学生的拳头刚好遮住米尺的视线角度。（应该得到大约 10 度。）

在教室前面比较两个学生的拳头（选择拳头大小不同的两个学生）。如果拳头大小不一，这两个学生怎么才能都测量出 10 度？

3. 让每个学生测量自己的拳头宽度和手臂长度。小组制作一张表，列出每个学生的手臂长度（最好是从腋窝到拇指关节）、拳头宽度以及手臂长度与拳头宽度的比率。

4. 教师应让每组中的一名成员将小组数据输入班级 Excel 图表，以便进一步分析。绘制手臂长度与拳头宽度的关系图，以说明恒定比率（应该是线性的）。

其他根据拳头宽度确定度数的方法。

5. 要求学生确定从一边地平线到另一边地平线(180度)需要多少拳头？（教师注意：这种活动引出高度角。）

6. 让学生确定在身体周围形成一个完整的圆圈需要多少拳头？（一圈360度）。（教师注意：此活动引出方位角。）

7. 选择一对学生到室外去挑选一朵云,并确定一种使用角度测量的方法来告诉其他同学他们选择的那一朵云,但同时不能指出具体是哪朵云。

8. 让其他学生根据这两个学生的角度测量找出他们选择的那朵云。这需要以相对快速的方式完成,因为云会移动离开原来的位置。（教师注意：需要讨论方位角和高度角以及如何测量。）

评价：

1. 提供机会让学生回顾或反思自己的学习和其他同学的想法。

2. 给学生机会讨论其他解决方案。

3. 让学生在自己的月球日志上写一段话,回答以下问题：

(a)根据你今天所学,人们如何测量天空中物体之间的距离？

(b)你如何利用今天学到的知识来帮助收集月球数据？

学生学案

引入：

(a)在远处的墙上挑选一个物体并(从你的座位处)估计它的长度。

(b)从你的角度计算出几个拇指(使用拇指的宽度)可以遮住该物体。

(c)全班一起绘制拇指宽度与物体距离的关系图。将班级数据记录在这里。(y轴上应该是什么？x轴上应该是什么？)

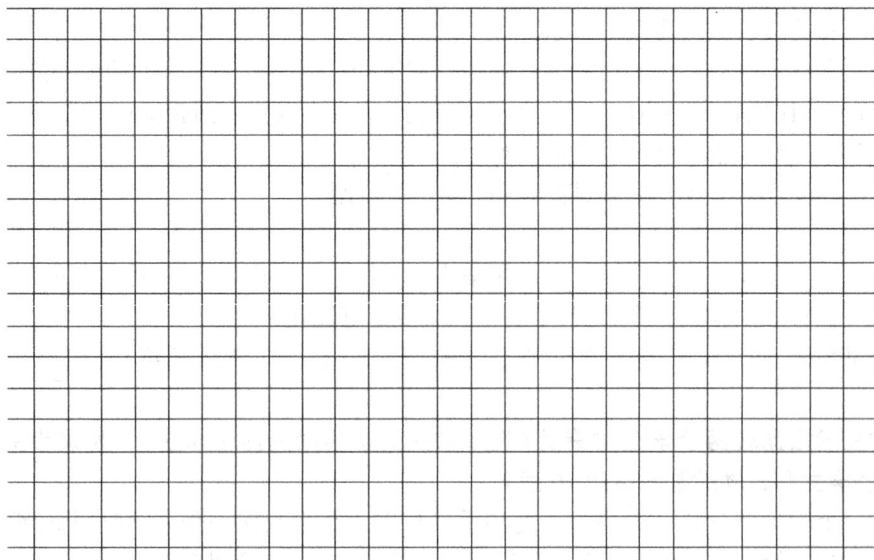

探索：

小组绘制拇指宽度与物体距离的关系图(手臂完全伸展)。

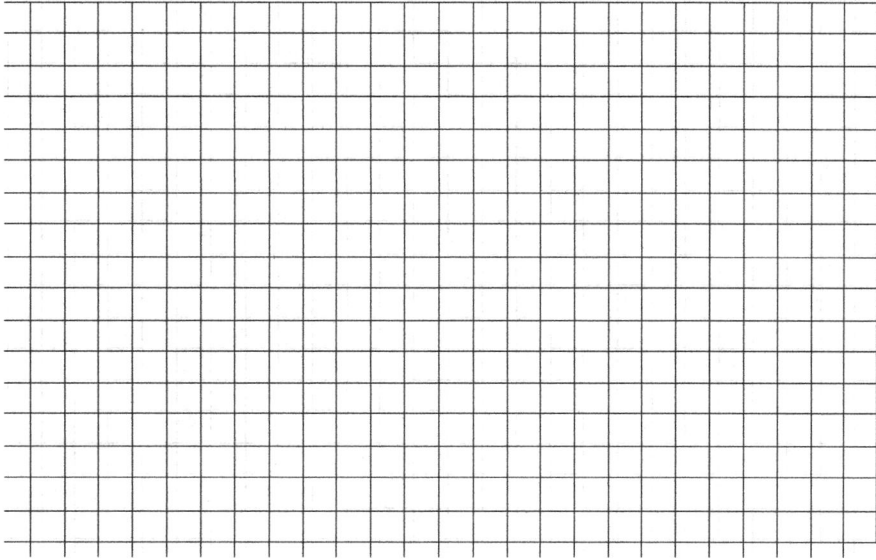

图表中的关系是线性的吗？你怎么知道的？

_____

_____

解释：
构建并比较针对数据中出现的任何规律的解释。

_____

_____

详述：

(a)现在使用一个米尺(水平放置在粉笔托盘上)作为对象。请画出你看到米尺的两端和中间的视线。

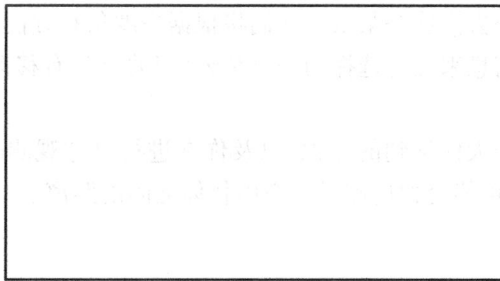

(b)为了进一步研究，把手握成拳头，用拳头(拳头朝向为拇指向上，对着左边)代替拇指来测量米尺。确定一种测量视线角度的方法:拳头完全遮住米尺。

(c)每个学生都要测量自己的拳头宽度和手臂长度。绘制学生手臂长度与拳头宽度的对比图。将臂长放在 y 轴上，将拳头宽度放在 x 轴上。

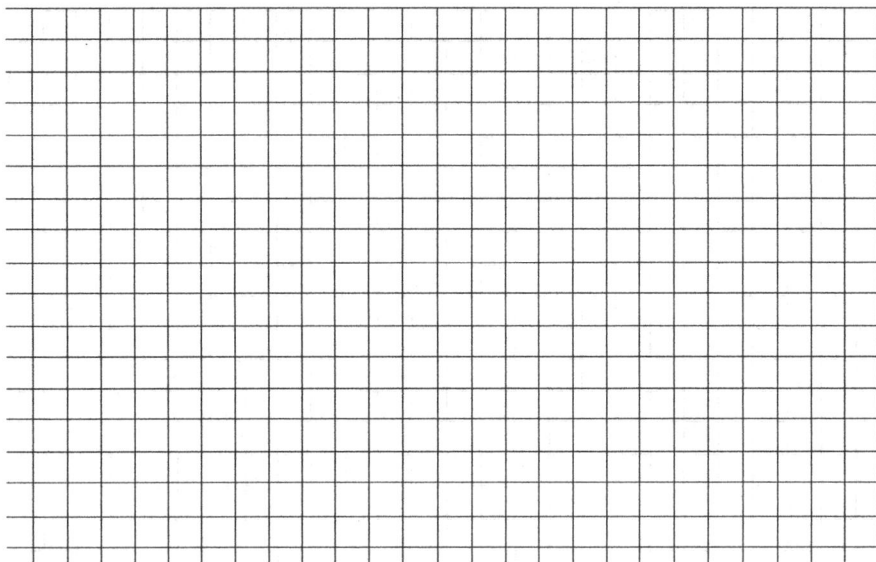

（d）确定在你的身体周围形成一个完整的圆圈需要多少拳头。（提示：一个圆有多少度？）

（e）确定从一边地平线到另一边地平线需要多少拳头。（提示：一个半圆有多少度？）

高度角定义：天体在地平线上的可视高度角大小（高度角不应大于 90 度）。

方位角定义：水平角度大小或用罗盘测定方位的方向，例如，东是 90 度方位角，南是 180 度方位角，西是 270 度方位角，北是 0 度和 360 度方位角。

扩展：

选择一对学生到室外去挑选一朵云。他们将根据高度角和方位角报告云的位置。

你将根据这些角度信息来确定选择的是哪朵云（只要云没有移动太多）。

评价：

在月球日志中写下今天你学到的知识，以及你在进行月球观测时是如何利用这些知识的，同时描述你认为人们可能会如何测量天空中物体之间的距离。

第 2A 课：用 Stellarium 探索天空

教师教案

概述

在本节课中，学生将探索月球在一天中的运动，并将这些观测结果与南北半球的位置进行比较。

教师注意：在本课中，我们选择了一个特定的日期和时间以及两个特定的位置。选择这两个位置是因为它们的经度和纬度(纽约州纽约市:北纬40.71度,西经74.01度;智利蒙特港:南纬41.47度,西经72.94度)。如果你想使用其他位置(比如你现在的位置),选择的时间应该是:在第一部分中,月亮已经升起并处于一个容易观察的月相;在第二部分中,选择的时间应该是月亮即将升起或刚刚升起。在这两个位置,时间不一定是相同的,但可以进行很好的比较。同样,如果选择不同的位置,你可能希望在另一半球上找到与你的经度相似的一个位置,这样你就不必校正不同的时区。在第三部分中可以使用任何位置,但是如果学生选择的时间月亮还没有升起,有些学生可能需要帮助来寻找月亮。

对应标准

NGSS学科核心思想

● ESS1.A:宇宙及其恒星;太阳、月亮和天空中的恒星的明显运动规律,可以用模型来观察、描述、预测和解释。

NGSS预期表现

● MS-ESS1.1:建立并使用地球—太阳—月球系统模型来描述月相、日月食和四季的循环模式。

NGSS交叉概念

● 规律:规律可用于确定因果关系。

NGSS科学与工程实践

● 分析和解读数据。

● 构建解释和设计解决方案。

材料

● 电脑。

● Stellarium。

课程顺序

第一部分

1.选择纽约州纽约市作为你在Stellarium上的位置。(提示:可以将鼠标光标悬停在计算机屏幕的左下角来完成此操作。此操作会弹出一个选项面板。将鼠标悬停在弹出的图标上,然后查找并单击"位置"窗口。你可以在该面板中找到其他控件所需的选项。)将日期设置为2020年10月5日。把时间定在21:00。找到并放大月球。月球看起来像什么? 天上的月亮在哪里?

2.把你的位置改到智利的蒙特港。保持日期和时间不变。找到并放大月球。月亮看起来像什么?

月亮在天空的什么位置?(提示:使用基本方向来描述位置——这些方向在屏幕上用N、S、W和E标记。)

第二部分

3.把你的位置改回纽约州纽约市。把时间改到18:00,但保持日期不变。此时月亮应该就要升起了。使用搜索工具找到月球。使用时间工具在一天中移动,每次增加一个小时。一直到月亮下山。

描述一天中月亮在天空中的轨迹。

一天中相对于月亮,太阳在哪里?

4.再把你的位置改到智利的蒙特港。把时间改到20:00,保持日期不变。使用搜索工具找到月球。使用时间工具在一天中移动,每次增加一个小时。一直到月亮下山。

描述一天中月亮在天空中的轨迹。

一天中相对于月亮,太阳在哪里?

第三部分

5.把位置改到你的家乡。选择你的下一个生日作为日期。你的生日是什么时候?(月/日)。

月亮什么时候升起?

月亮升起时在天空中的什么位置?

月亮什么时候落下?

月亮落下时在天空中的什么位置?

月亮看起来像什么?

描述一天中月亮在天空中的轨迹。

6.自己研究 Stellarium,看看你能不能找到有趣的功能来分享。

学生学案

如果你在 Stellarium 上的位置还不是纽约州纽约市的话,选择纽约州纽约市作为你在 Stellarium 上的位置。(提示:可以将鼠标光标悬停在计算机屏幕的左下角来完成此操作。此操作会弹出一个选项面板。将鼠标悬停在弹出的图标上,找到并单击"位置"窗口。)将日期设置为 2020 年 10 月 5 日。把时间定在 21:00。找到并放大月球。(如果找不到月球,请向老师求助。)

月亮看起来像什么?(提示:使用鼠标光标放大月球。)

_____

_____

月亮在天空的什么位置?(提示:使用 N、S、W 和 E 基本方向标记。)

_____

_____

把你的位置改到智利的蒙特港。(提示:保持日期和时间不变。找到并放大月球)。
月亮看起来像什么?(提示:使用鼠标光标放大月球。)

_____

_____

月亮在天空的什么位置?(提示:保持日期和时间不变。找到并放大月球。(如果找不到月球,请向老师求助。)

_____

_____

把你的位置改回纽约州纽约市。把时间改到 18:00。使用搜索工具找到月球。(如果找不到月球,请向老师求助。)使用时间工具在一天中移动,每次增加一个小时。一直到月亮下山。

描述一天中月亮在天空中的轨迹。

_____

_____

一天中相对于月亮,太阳在哪里?

_____

_____

再把你的位置改到智利的蒙特港。把时间改到 20:00,保持日期不变。使用搜索工具找到月球。使用时间工具在一天中移动,每次增加一个小时。一直到月亮下山。

描述一天中月亮在天空中的轨迹。

_____

_____

一天中相对于月亮,太阳在哪里?

_____

_____

把位置改回你的家乡。选择你的下一个生日作为日期。

你的生日是什么时候?(月/日)。

_____

_____

月亮看起来像什么?

_____

_____

月亮什么时候升起?

_____

月亮升起时在天空中的什么位置?

_____

月亮什么时候落下?

_____

月亮落下时在天空中的什么位置?

_____

描述一天中月亮在天空中的轨迹。

_____

_____

自己研究 Stellarium,看看你能不能找到有趣的功能来分享。

_____

_____

第 3 课：如何判断我在地球上的位置？

<u>教师教案</u>

概述

学生探究经纬度的概念，包括讨论这些角度从何而来，以及我们在地球上的位置如何影响我们看到的太阳在天空中的位置。

对应标准

NGSS DCI

● ESS1.B：太阳系中有许多不同的物体通过引力结合在一起。太阳系模型解释和预测日月食、月相和四季。

NGSS 交叉概念

● 系统和系统模型。

NGSS 科学与工程实践

● 开发和使用模型。

● 运用数学和计算思维。

材料

● 空白纸。

● 地球仪。

● 小便利贴。

● 量角器。

课程顺序

引入：

1. 环顾教室，选定一种方法，告诉同学你在教室里的位置。写一段话，画一张地图，绘一张图表，或者在一张纸上用某种方式传达你的位置信息。

2. 教师应收集所有学生的表达方法，混合后选择五种不同的方法，让学生确定这五个学生各自的位置和使用的不同方法。

3. 在这项活动中，我们将使用地球仪来更好地了解天空坐标和太阳在天空中的位置。因为天空坐标与地球的经纬度坐标非常相似，所以首先了解地球上的位置是很重要的。

第一部分：经度和纬度

探索：

活动开始，我们将首先确定几个关键位置。在地球仪上定位后，用 X 标记下列各项。请用一句话描述每个位置的情况：

● 地球的赤道。

● 北极。

● 南极。

● 你家乡的大概位置。

解释:

1.为了完整描述在地球仪表面上的位置,我们需要两个位置测量数据。一个是在南北方向上的位置,另一个是定义东西的位置。南北(N-S)位置称为给定位置的纬度,东西(E-W)位置称为经度。

2.你的家乡是在赤道以南,赤道以北,还是在地球的赤道上?你怎么知道的?

3.另找世界上的一个城市,**但是**不在你居住的半球,该位置和你的家乡在同一个南北方向。记录该城市及其所在国家。**解释**你如何确定这个位置是正确的。

4.环绕地球的赤道线是一条纬度恒定的线。纬度和经度在地球仪上都是以度数表示的。

- 赤道的纬度是多少?
- 北极的纬度是多少?
- 南极的纬度是多少?

5.根据这些值,以及数字与角度度数的关系,绘制地球草图,说明如何找到这些纬度值。换言之,在草图中明确表示如何定义该角度。用语言描述你的草图表示了什么。

6.估计你家乡的纬度是多少?

7.地球仪上从北极一直延伸到南极的线经度不变。这些线测量位置的东西角度。

8.记录一个经度大约是 0 度的城市及其所在国家。

9.你家乡的经度是多少?

10.你能在地球仪上找到的最大经度值是多少?

11.记录以下位置的经纬度:

- 肯塔基州列克星敦。
- 纽约州纽约市。
- 中国香港。
- 巴西里约热内卢。

12.让老师为你选择一个位置来寻找经纬度。记录该位置的名称及其经纬度。

13.在地球仪上找到一个城市及其经纬度。告诉同学你选择的城市的经纬度,让同学把这个城市找出来。

第二部分:太阳的位置

详述:

1.接下来,我们要思考在一天中的不同时间和地球上的不同位置上看到太阳在天空中的什么位置。为了能够更有效地预测太阳的位置,必须首先考虑我们能看到天空的多大部分。

2.如果你把右手放在正西,左手指向正上方,你分开的双臂之间是多少度?

3.现在把你的左手降到正东。从西方地平线到东方地平线你能看到的天空是多少度?(教师应使用一张硬纸,紧靠地球仪,与特定位置相切,以展示地平线。)

4.如果太阳正在你的家乡升起,在世界的哪个地方(找一个城市)太阳正同时落下?写出这个地方的经纬度,并解释你是如何确定答案的。

5.假设现在是英国伦敦的正午。在世界的哪个地方(找一座城市)太阳刚刚落山?写出这个地方的经纬度,并解释你是如何确定答案的。太阳将在哪里升起?哪里正是午夜时分?

第三部分：太阳的位置（续）

评价：

1. 3月21日，太阳将全天处于地球赤道正上方。如果3月21日你在赤道上，白天的某个时候（实际上是中午），太阳会直接从你的头顶经过。这一天，太阳会直接经过你家乡的某个地方的上方吗？如果没有，它会经过哪里？给出太阳直接从头顶上经过的地方的经纬度数，并判断它是在头顶的北方还是南方。解释一下你是如何得出这个答案的。听听别人的解释。评估回答。

2. 最后，如果3月21日你正站在地球的北极上，你会看到太阳在哪里？解释一下你得出这个答案所使用的论证。（注：太阳离地球很远。）听听别人的解释。评估回答。

学生学案

环顾教室，确定一种方法，告诉同学你在教室里的位置。写一段话，画一张地图，绘一张图表，或者在一张纸上用某种方式传达你的位置信息。

在这项活动中，我们将使用地球仪来更好地了解天空坐标和太阳在天空中的位置。因为天空坐标与地球的经纬度坐标非常相似，所以首先了解地球上的位置是很重要的。

第一部分：纬度和经度。

活动开始，我们将首先确定几个关键位置。在地球仪上定位后，用 X 标记下列各项。用一句话描述每个位置的情况。

地球的赤道。

_____

_____

北极。

_____

_____

南极。

_____

_____

你你家乡的大概位置。

_____

_____

为了完整描述在地球仪表面的位置，我们需要两个位置测量数据。一个是在南北方向上的位置，另一个是定义东西的位置。南北（N-S）位置称为给定位置的纬度，东西（E-W）位置称为经度。

你的家乡是在赤道以南，赤道以北，还是在地球的赤道上？

_____

_____

另找世界上一个城市，**但是**不能在北美，该位置和你家乡的南北位置差不多。记录该城市及其所在国家。**解释**你如何确定这个位置是正确的。

_____

_____

环绕地球的赤道线是一条纬度恒定的线。纬度和经度在地球仪上是以度数表示的。
赤道的纬度是多少?

_____

北极的纬度是多少?

_____

南极的纬度是多少?

_____

根据这些值,以及数字与角度度数的关系,绘制地球草图,说明如何找到这些纬度值。
换言之,在草图中明确表示如何定义该角度。用语言描述你的草图表示了什么。

你估计肯塔基州列克星敦的纬度是多少?

_____

_____

地球仪上从北极一直延伸到南极的线经度不变。这些线测量位置的东西角度。
记录一个经度大约是0度的城市及其所在国家。

_____

你家乡的经度是多少?

_____

你能在地球仪上找到的最大经度值是多少?

_____

记录以下位置的经纬度:
肯塔基州列克星敦

_____

纽约州纽约市

中国香港

巴西里约热内卢

让老师为你选择一个位置来寻找经纬度。记录该位置的名称及其经纬度。

在地球仪上找一个城市及其经纬度。告诉同学你选择的城市的经纬度,让同学把这个城市找出来。

第二部分:太阳的位置。

接下来,我们要思考在一天中的不同时间和地球上的不同位置上看到太阳在天空中的什么位置。为了能够更有效地预测太阳的位置,必须首先考虑我们能看到天空的多大部分。

如果你把右手放在正西,左手指向正上方,你分开的双臂之间是多少度?

现在把你的左手降到正东。从西方地平线到东方地平线你能看到的天空是多少度?

如果太阳正在你的家乡升起,在世界的哪个地方(找一个城市)太阳正同时落下?写出这个地方的经纬度,并解释你是如何确定答案的。

假设现在是英国伦敦的正午。在世界的哪个地方(找一座城市)太阳刚刚落山?写出这个地方的经纬度,并解释你是如何确定答案的。

太阳将在哪里升起?

哪里正是午夜时分?

3月21日,太阳将全天处于地球赤道正上方。

如果3月21日你在赤道上,白天的某个时候(实际上是中午),太阳会直接从你的头顶经过。这一天,太阳会直接经过你家乡的某个地方的上方吗?如果没有,它会经过哪里?给出太阳直接从头顶上经过的地方的经纬度数,并判断它是在头顶的北方还是南方。解释一下你是如何得出这个答案的。

最后,如果3月21日你正站在地球的北极上,你会看到太阳在哪里?解释一下你得出这个答案所使用的论证。

_____

_____

第4课：如何确定天空中物体的位置？

教师教案（针对北半球夏季天空）

概述

在本课中，学生使用天空地图来定位天空中的恒星、行星和星座。学生一边看一边画，把他们在夜空中看到的东西与地图进行比较，然后测量天空中星星之间的角距离。要求学生观察月亮，密切注意明暗分界线。

对应标准

NGSS DCI

● ESS1.A：各个恒星的大小以及与地球的距离区别很大，这可以解释它们的相对亮度。

NGSS 交叉概念

● 规律。

● 比例尺、比例和数量。

材料

● 天空地图（每个学生一张）。通过网络下载当月天空地图。

● 红色光手电筒（每对学生一个）。

● 学生指南。

课程顺序

恒星和星座

我们将从夜空之旅来开始观察。这项活动旨在认识天空中的恒星、行星和星座，还将介绍角距离的概念以及如何进行粗略的角测量。

1.识别恒星和星座——使用天空地图来定位各种星座和恒星。在天空地图上，各种星星都有标签。**绘制星座图时，要绘制在天空中看到的，而不是在天空地图上看到的。**开始使用天空地图时需要知道你面对的方向。定位北、南、东和西。

2.这个活动需要测量一些角度。为此，使用拳头法。握拳并保持一臂的距离，肘部伸展，那么拳头覆盖的角度大约是10度。

（a）找到并画出小熊星座，双子座和大熊星座。在图上标记出北极星。

（b）下一步，找到并画出狮子座、处女座和牧夫座。标记出轩辕十四（狮子座的主星），角宿一（室女座第一亮星）和大角星（牧夫座中最亮的星）。

（c）接下来，找到并画出天鹅座、天琴座、大力神座和北极光座，标记出天津四、织女星和牛郎星（注：这三颗星星在天空中形成一个大三角形，叫作夏季三角形）。

（d）最后，找到并画出天蝎座和人马座，并标记出心宿二。

3.估计角距离——使用拳头法来测量下列恒星之间的角距离。稍后会核对结果，所以要尽可能精确。每个小组成员都应该进行测量，然后每组对所有成员的测量值进行平均以获得最佳结果。

  （a）北地平线到北极星。

  （b）织女星到天津四。

  （c）牛郎星到大角星。

  （d）北极星到心宿二。

  4. 你认为上面 3 中所列的哪一个测量值最不确定？为什么？

  5. 每个成员得到的数值之间，哪种测量值的差距最大？

  6. 你认为平均值是"最佳"值吗？为什么是或者为什么不是？

  月球观测：观察明暗分界线

  如果你记得月亮看起来像一个圆，那么月亮上就有暗的部分和亮的部分。明暗分界线是分隔明暗两部分的虚拟线的名称。

  在天空中寻找月亮。仔细画出月亮，特别注意明暗分界线。画月亮的时候，也要画月亮附近突出的天体。明暗分界线看起来像一条直线吗？还是像一条曲线？如果是曲线，它是向西方弯曲，还是向东方弯曲？仔细画出月亮明暗分界线，要和天上的形状一模一样。

  学生学案（针对北半球冬季天空）

  我们将从夜空之旅来开始观察。这项活动旨在认识天空中的恒星、行星和星座，还将介绍角距离的概念以及如何进行粗略的角测量。

  识别恒星和星座——使用天空地图定位各种星座和恒星。在天空地图上，各种星星都有标签。*绘制星座图时，要绘制在天空中看到的，而不是在天空地图上看到的。*开始使用天空地图时需要知道你面对的方向。定位北、南、东和西。

  这个活动需要测量一些角度。为此，使用拳头法。握拳并保持一臂的距离，肘部伸展，那么拳头覆盖的角度大约是 10 度。

  找到并在下方的空白处画出小熊星座、仙后座和大熊星座。在图上标记出北极星。

下一步,找到并画出飞马座,仙女座和金牛座。标记出毕宿五和昴宿星团。

接下来,找到并绘制御夫座、双子座和小犬座,并标记出五车二、北河二、北河三和南河三。

最后，找到并画出猎户座和大犬座，并标记出参宿四、参宿七和天狼星。

估计角距离——使用拳头法来测量下列恒星之间的角距离。稍后会核对结果，所以要尽可能精确。每个小组成员都应该进行测量，然后每组对所有成员的测量值进行平均以获得最佳结果。

物体	角度 1（度）	角度 2（度）	角度 3（度）	角度 4（度）	角度 5（度）
北地平线到北极星					
北河二到北河三					
参宿四到参宿七					
北极星到天狼星					

你认为以上哪一个测量值最不确定？为什么？

每个成员得到的数值之间，哪种测量值的差距最大？

你认为平均值是"最佳"值吗？为什么是或者为什么不是？

月球观测：观察明暗分界线

明暗分界线是月亮明暗两部分之间虚拟线的名称。如果你记得月亮看起来像一个圆，那么月亮上就有暗的部分和亮的部分。明暗分界线是分隔明暗两部分的线。

在天空中寻找月亮。仔细画出月亮，特别注意明暗分界线。画月亮的时候，也要画月亮附近突出的天体。明暗分界线看起来像一条直线吗？还是像一条曲线？如果是曲线，它是向西方弯曲，还是向东方弯曲？仔细画出月亮明暗分界线，要和天上的形状一模一样。

第 5 课：为什么有四季？

教师教案

概述

学生探索不同位置上光和热的概念，以及平面和球面上的距离，从而引出地球上的季节变化。

对应标准

NGSS DCI

● ESS1.B：这个太阳系模型可以解释日食和月食。地球自转轴短期内在方向上是固定的，但相对于绕太阳的轨道是倾斜的。四季是这种倾斜的结果，是由于地球上不同地区全年太阳光强度的差异造成的。

NGSS 交叉概念

● 规律。

● 系统和系统模型。

● 稳定与变化。

NGSS 科学与工程实践

● 开发和使用模型。

● 规划和开展研究。

材料

● 手电筒。

● 空白白纸。

● 铅笔。

● 地球仪。

● Stellarium。

● 电脑。

学生学案

第一部分：平面上的光和热。

在这部分课程中，要用手电筒、空白白纸和铅笔（这些材料每个学生每一样都需要一个）。

1.把手电筒放在白纸上方 1 英寸的地方，让它正对着纸，这样就能形成一个很好的光圈。用铅笔画出光圈的轮廓。（将此光圈标记为 1a。）

2.接下来把手电筒移高到离纸 3 英寸的地方。再次用铅笔勾勒出光圈的轮廓。（将此光圈标记为 2a。）

3.最后，将手电筒移高到纸张上方 6 英寸处。勾画光圈并标记为 3a。

光携带能量，落在纸上时，会将纸加热一点。

4.现在想象一下，今天是一个寒冷的日子，你是一只非常小的虫子，想要取暖。你认为这三个光圈哪一个能给你更多的温暖？解释你为什么这么想。

_____

_____

5. 现在再试一次。这次你应该从离纸 1 英寸的距离开始，试着保持这个高度。在第二张纸上，再次勾勒出你所看到的光圈(1b)。

6. 现在，保持灯光的距离不变，稍微倾斜手电筒，使圆变得更椭圆。勾画出光的轮廓，称之为 2b。最后，加大手电筒倾斜角度，保持同样的距离，并勾画出光的轮廓，称之为 3b。

7. 现在想象一下，你又变成了那只小虫子。这次哪个光圈会给你更多的温暖？把你的论证和你写的问题 4 的答案进行比较。

_____

_____

第二部分：球面上的光和热。

在这部分课程中，要用手电筒和地球仪，地球仪固定 23.5 度倾斜角度（这些材料每组学生每一样都需要一个）。

8. 现在，想象一下你的手电筒是太阳。拿着手电筒，保持水平，置于离地球仪 1 英寸的范围内。试着在地球仪上找到很多地方，在这些地方你可以做一个漂亮的圆形（不是椭圆形）的光圈。记得保持手电筒水平，并注意地球仪上漂亮的圆圈是在哪些位置形成的。

9. 接下来，人在同一个地方，慢慢地把手电筒远离地球仪。光圈发生了什么变化？地球仪上一只非常小的虫子什么时候会感到最温暖，是光离地球仪近的时候还是离地球仪远的时候？解释一下。

_____

_____

10. 现在想想真实的地球和真实的太阳。如果能控制与太阳的距离，如何移动太阳可以使地球更温暖？解释原因。

_____

_____

11. 现在，重新开始。和之前一样保持手电筒水平，和之前一样用手电筒在地球仪上做出一个个漂亮的光圈。现在，保持手电筒水平的同时，开始向上移动，使其照射赤道以北的区域。这样做时，地球仪上光的形状会发生什么变化？持续往北走，光的形状会改变吗？解释一下。

_____

_____

12. 在这种情况下,这只小虫子在哪里会感到最温暖?

_____

13. 现在想想真实的地球和太阳。在你所看到的不同的形状中,哪一个能代表太阳位于正上方的情况? 此时光的形状是圆形的呢,还是更细长形的呢?

_____

14. 地球上哪里最暖和? 解释原因。

_____

_____

到目前为止,你应该已经发现了阳光让地球变暖的两种不同的方式。**重要的是要注意地球绕太阳运行的轨道几乎是一个完美的圆。这意味着地球和太阳之间的距离全年几乎保持不变**(见图1)。因为距离的变化很小,我们就可以说太阳的距离一年四季都没有变化。在我们的实验中,这意味着手电筒不会离地球仪更近或更远,而是保持距离不变。

15. 如果地球与太阳的距离一年四季都没有变化,那么虫子在地球上感到最温暖的方式还有哪种呢?

_____

_____

16. 现在回想一下你研究的地球仪,参看图1。我们知道,一年中,有室外炎热的季节(夏季)和寒冷的季节(冬季)。全年气温变化的原因是什么? **记住,我们要考虑与太阳的距离全年保持不变。**

_____

_____

17. 参看图2。如果不是这张照片中的阳光,而是你的手电筒水平放置在地球仪旁边,那么哪种光线会形成一个漂亮的圆圈,哪种光线会更细长?

_____

_____

18. 哪种光线最温暖?

_____

19. 离开最温暖的位置时,光线照射地球的角度有什么不同?

_____

_____

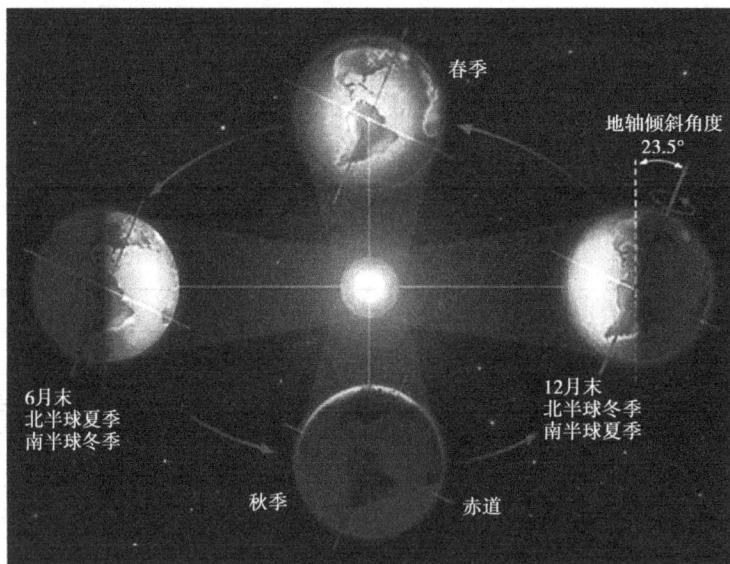

图1　地球绕太阳旋转一年（国家海洋大气管理局）

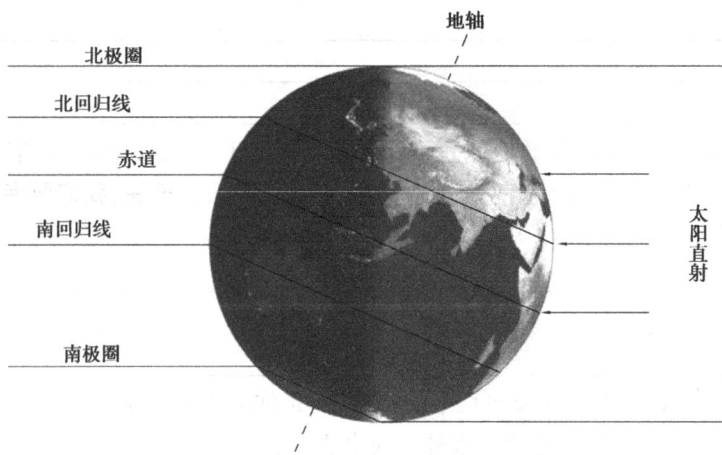

图2　6月21日（夏至）太阳光照射到地球表面（Przenyslaw "Blueshade" Idzkiewica）

第三部分：Stellarium。

20. 打开 Stellarium 并选择日期为 2018 年 6 月 21 日。选择北纬 90°0'0.00"。记录当天太阳的高度角和位置。

——

21. 现在一小时一小时地向前，直到过完一整天。太阳一整天都发生了什么变化？

——

22. 一天是地球绕轴旋转一次所需的时间。回顾图2，想象世界在旋转。为什么 6 月 21 日北极的太阳一直不落下或者一直不升起？

23. 为什么你认为北极在这一天仍然很冷,即使太阳一整天都不落下?（提示:想想你的手电筒光线在北极是什么形状。）

24. 同一天在南极会是什么样? 将纬度移动到南纬 90°0′ 0.00″进行查看。

25. 现在把你当前的位置输入 Stellarium,把时间定在正午。日期从 6 月 21 日开始。记录当天当时太阳的高度角。

26. 下一步,改变月份,经过一整年,让时间保持在正午。随着时间的推移,太阳的高度角会发生什么变化? 什么时候高度角最小? 解释一下为什么每年这个时候天气很冷。记住,到太阳的距离被认为全年都是一样的。

第 6 课:通过观察月球表面我们能学到什么?

教师教案

概述

在本课中,学生比较月球上高地和月海的照片,以确定它们的相对年龄,确定每个区域的陨石坑密度,并推断早期太阳系的情况。

对应标准

NGSS 交叉概念

● 比例尺、比例和数量。

NGSS 科学与工程实践

● 开发和使用模型。

材料

● 学生表格(每个学生一张)。

● 图 2 和图 3 全尺寸复印件(每个学生一份,另加额外的)。

● 尺子(每个学生一把)。

课程顺序

第一部分

1. 让学生想象他们是一桩谋杀案的侦探。受害人已经失踪了一段时间,刚在树林里被发现。你去受害人家,看到投信口下面有一堆信。浏览这些信件时,你发现了一封很可疑的信,写信人似乎正在威胁受害人。这封信埋在另外 50 封信下面。用你的侦探能力判断信可能是什么时候到的。让学生陈述他们的推理和做出的任何假设。

2. 现在我们要用这些侦探技巧来观察月球。月球表面有许多陨石坑。陨石坑是大型陨石撞击月球表面形成的。图 1 是整个月球表面的图像。阴暗的区域被称为月海,在拉丁语中是海洋的意思。较明亮的地方叫作高地。图 2 中的图像显示的是一大片月海。图 3 中的图像显示的是一部分高地。让学生记下他们注意到了图 2 和图 3 的什么。它们有什么不同? 有什么相同?

图 1　月球表面的图像(美国宇航局/GSFC/亚利桑那州立大学)

3. 几百年前,人们认为月海是大洋。从图片上看,你认为月海是液态水的海洋吗? 学生能提供什么证据来支持他们的答案?

4. 让学生运用他们的侦探技巧,试着弄清月球上的哪些特征是最先出现的,哪些是后来出现的。从图 3 开始,看看学生是否能识别出四个陨石坑,这些陨石坑可以按照年龄从大到小的顺序清楚地排列。让学生解释排序的推理过程。

5. 现在看图 2。让学生试着弄清哪些区域年龄更大或者更小,包括月海本身。让学生解释他们的推理。

6. 最后,看图 1。让学生试着回答这个问题:月海和高地,哪个年龄更大? 解释你的推理,并通过如下问题检验你的推理:如果答案是错的,会发生什么? 你能自信地为你的答案辩护吗?

图 2　显示大部分月海的图像(美国宇航局/GSFC/亚利桑那州立大学)

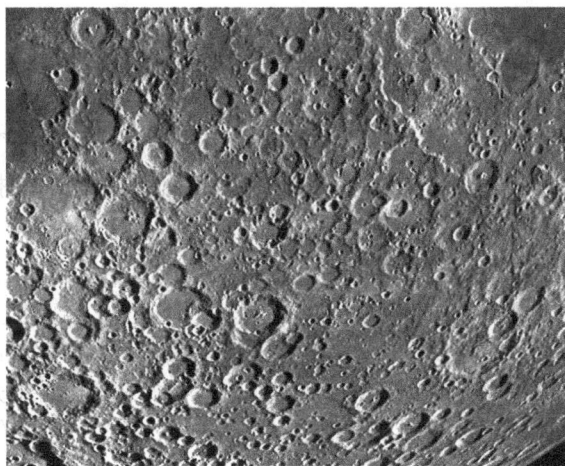

图3　显示部分高地的图像（美国宇航局/GSFC/亚利桑那州立大学）

7. 让学生总结在确定月球上物体年龄方面所学的知识。学生能想出一个一直成立的普遍原理来确定月球上物体之间的相对年龄吗？

第二部分

1. 现在让我们用侦探技巧来收集更多的信息。让学生回到图3,用尺子测量他们在图像中找到的十个最大陨石坑的宽度。记录这些数据并用与数据对应的数字标记测量过的陨石坑。*提示:* 用记号笔或荧光笔勾勒出所选陨石坑的轮廓以便于日后更容易找到这些陨石坑。

2. 下一步,学生将所有的测量数据进行平均,看看 10 个陨石坑的平均宽度是多少。然后,将结果与同伴进行比较。有区别吗？讨论完成这个练习时发现的问题。

3. 现在回到图2。让学生对月海中的十个陨石坑做同样的测量。一定要用月海陨石坑。答案和同伴相比如何？

4. 让学生看看图1分析中他们对高地和月海相对年龄的回答。让学生用这个答案和他们得出的高地和月海的平均值作为证据,对陨石的特征作出假设。

第三部分

1. 现在我们可以从这些图像中收集更多的数据。让学生在图3上画一个大小合适的盒子。一定要记下盒子的大小。然后,数一数盒子里看到的所有陨石坑。记录数据。

2. 接下来,学生需要在图2的月海中画出同样大小的盒子,并数一数陨石坑的数量。

3. 然后,学生将自己的结果与同伴进行比较。讨论出现的任何差异以及出现差异的原因。一定要考虑这些差异是否真实。确定数字密度。数字密度是单位面积上的陨石坑数量。

4. 宇航员到达过月球上的月海和高地。他们带回的岩石样本已经做过放射性年代测定。数据显示,月海在月球上形成的时间大约是 35 亿年前。高地形成于大约 45 亿年前。这也是地球和太阳系其他部分的年龄。

（a）利用这些信息,让学生看看他们分别从高地和月海数出来的陨石坑数量,并试着计算出在月球形成后的前 10 亿年里,高地上出现了多少陨石坑。仔细想想这些数据告诉你什么。讨论你的推理。

（b）根据这项调查,你有证据确定太阳系形成后的前 10 亿年是什么样子的。让学生思考从数据中学到了什么,并用来写一个关于早期情况的结论。

学生学案

第一部分

1. 想象一下你是一桩谋杀案的侦探。受害人已经失踪了一段时间,刚在树林里被发现。你去受害人家,看到投信口下面有一堆信。浏览这些信件时,你发现了一封很可疑的信,写信人似乎正在威胁受害人。这封信埋在另外 50 封信下面。用你的侦探能力判断信可能是什么时候到的,并在下面记录你的答案。

_____

_____

2. 月球表面有许多陨石坑。陨石坑是大型陨石撞击月球表面形成的。

图 1 是整个月球表面的图像。阴暗区域被称为月海,在拉丁语中是海洋的意思。较明亮的地方叫作高地。记录下你注意到了图 2 和图 3 的什么。它们有什么不同? 有什么相同?

_____

_____

3. 几百年前,人们认为月海是大洋。从图片上看,你认为月海是液态水的海洋吗? 用证据来解释你的答案。

_____

_____

4. 利用图 3,识别出四个陨石坑,这些陨石坑可以按照年龄从大到小的顺序清楚地排列。解释你的推理。

_____

_____

5. 现在看图 2。试着弄清楚哪些区域年龄更大或者更小,包括月海本身。解释你的推理。

_____

_____

图 1　月球表面的图像(美国宇航局/GSFC/亚利桑那州立大学)

6.最后,看图1。月海和高地,哪个年龄更大？解释你的推理,并通过如下问题检验你的推理:如果答案是错的,会发生什么？你能自信地为你的答案辩护吗？

_____

_____

7.你能想出一个一直成立的普遍原理来确定月球上物体之间的相对年龄吗？

_____

_____

图2   显示大部分月海的图像（美国宇航局／GSFC／亚利桑那州立大学）

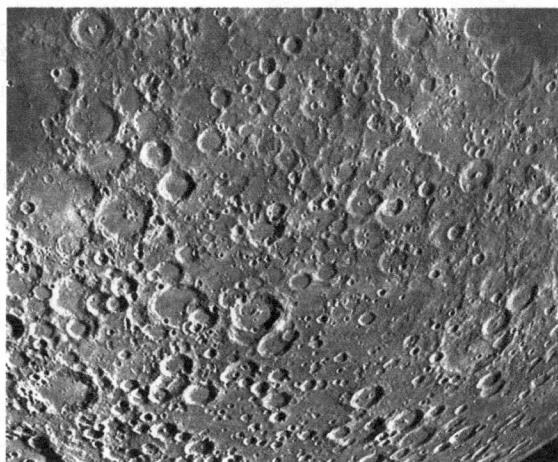

图3   显示部分高地的图像（美国宇航局／GSFC／亚利桑那州立大学）

第二部分

1.使用图3,用尺子测量图像中十个最大陨石坑的宽度。记录这些数据并用与数据对应的数字标记测量过的陨石坑。

_____

_____

2.把所有的测量数据进行平均,看看 10 个陨石坑的平均宽度是多少。把你的结果和同伴的结果进行比较。有区别吗?

3.使用图2,对月海的十个陨石坑进行同样的测量。一定要只用月海陨石坑。你的答案和同伴的相比怎么样?

4.使用图1分析中高地和月海的相对年龄,取高地和月海的平均值,根据你的证据对陨石的特性提出假设。

第三部分

1.在图3上画一个大小合适的盒子。一定要记下盒子的大小。然后,数一数你在盒子里看到的所有陨石坑。记下你的答案。

2.接下来,在图2的月海中画出同样大小的盒子,并数出陨石坑的数量。记录在下面。

3.把你的结果和同伴的结果进行比较。

全班讨论出现的任何差异及其原因。一定要考虑这些差异是否真实。确定数字密度。数字密度是单位面积上的陨石坑数量。

4.宇航员到达过月球上的月海和高地。他们带回的岩石样本已经做过放射性年代测定。数据显示,月海在月球上形成的时间大约是 35 亿年前。高地形成于大约 45 亿年前。这也是地球和太阳系其他部分的年龄。

(a)利用这些信息,看看你分别从高地和月海数出来的陨石坑数量,试着计算出在月球形成后的前 10 亿年里,高地上出现了多少陨石坑。仔细想想这些数据告诉你什么。讨论你的推理。

(b)根据这项调查,你有证据确定太阳系形成后的前 10 亿年是什么样子的。想一想你从数据中学到了什么,并用来写一个关于早期情况的结论。

第 7 课:什么影响陨石坑的大小?

教师教案

概述

学生集体讨论影响陨石坑大小的变量,然后通过自己制作陨石坑来研究其中一个变量。

本课程包括讨论自变量和因变量以及制图。

对应标准

NGSS 交叉概念

● 原因和结果。

NGSS 科学与工程实践

● 开发和使用模型。

● 规划和开展研究。

● 获取、评估、交流信息。

国家通用数学核心标准（CCSS 数学内容 6：表达式和方程式）

● 表达和分析因变量和自变量之间的定量关系。

材料

● 大而深的平底锅，如宽面条平底锅（每对学生一个）。

● 面粉（每对学生一袋）。

● 碰撞球（每对学生一组）——碰撞球的直径相同，但质量不同。

● 可可粉（每对学生一包）。

● 米尺。

● 尺子。

● 报纸（铺在平底锅下面的地板或桌子上）。

课程顺序

引入：

1. 课程开始，给学生看一段陨石坑在月球上形成的简短视频（1 分钟）。

2. 让学生进行头脑风暴，列出影响陨石坑大小的因素。

3. 然后，两人一组，学生要提出自己的子驱动问题，和影响陨石坑大小的可能原因相关，学生可以在实验室对这些可能的原因进行测试。（教师注意：讨论大小时应该注意它的所指。讨论大小时，可以测量陨石坑的直径，也可以指陨石坑的深度和形状。）

探索：

学生应该制定一个如何回答问题的计划。包括制作图表或表格来表示他们的数据。

● 可能的数据收集：

—碰撞球落下的高度会影响陨石坑的大小吗？

—碰撞球的重量会影响陨石坑的大小吗？

解释/详述/评价：

然后，学生应该收集和分析数据。在陈述中，学生应包括以下内容：

● 展示研究问题。

● 展示收集数据的表格。

● 展示使用 Excel 的收集数据图表。

● 写下结论。请考虑以下几点：你收集的数据回答了你的问题吗？你从数据分析中学到了什么？

● 写下一个后续问题。

学生学案

让我们开始头脑风暴:

_____

_____

_____

从这个初步的研究问题出发,提出你自己的子驱动问题,和影响陨石坑大小的可能原因相关。

你的子驱动研究问题是什么?

_____

_____

描述你打算如何回答你的问题。

_____

_____

_____

好,现在收集和分析数据。你能从分析中得出什么结论?

陈述你的发现:

向同伴陈述发现时,请包括以下内容:

1. 展示研究问题。

2. 描述回答研究问题的方法(包括使用的材料)。

3. 展示收集数据的表格。

4. 展示使用 Excel 的收集数据图表(显示因变量与自变量的图表)。

5. 写下结论。请考虑以下几点:你收集的数据回答了你的问题吗? 你从数据分析中学到了什么?

6. 写下一个后续问题,以便进一步调查。

第 8 课:地球、月球和火星的缩放

教师教案

概述

在本课中,学生使用比率和比例概念,通过使用气球(改编自美国宇航局的"地球、月球和火星气球"课程)建立地球、月球和火星的比例模型,更好地理解宇宙的大小。

对应标准

NGSS DCI

● ESS1. B:太阳系中有许多不同的物体通过引力结合在一起。

NGSS 交叉概念

- 规律。
- 比例尺、比例和数量。

国家通用数学核心标准

- 6.RP.A.1：理解比率的概念，使用比率语言描述两个数量之间的比率关系。
- 7.RP.A.2：认识并表示数量之间的比例关系。
- 7.RP.A.2.B：在表格、图表、方程式、示意图和比例关系的口头描述中确定比例常数（单位比率）。

材料

- 气球（每组四个）
- 米尺（每组一个）
- 尺子（每组一把）
- 计算器（每组一个）
- 胶带（可共用）
- 换算表

课程顺序

引入：

1. 进行比例尺预估。

2. 给学生看一个代表地球的气球。这个地球模型气球的直径为20厘米（代表地球的真实直径为12756公里）。

探索：

1. 把学生分成小组，分发表格和气球。每个小组都应该有四个不同颜色的气球来代表地球、月球、火星和火卫一。告诉学生地球气球的直径应该是20厘米。让学生把地球气球充气，充到直径为20厘米大小。

2. 让学生看表格，计算出月球和火星的大小，要使用与地球模型相同的比例。让学生给他们的火星和月球气球充气。

3. 问学生是否也想为代表火卫一的气球充气（他们会发现这是行不通的，因为使用这个比例模型火卫一的大小和一粒沙子差不多）。

4. 让学生用胶带把地球粘在他们附近的墙上或地板上。然后让学生预测月球应该离地球多远，并把月球粘起来。

5. 让学生确定使用相同的比例尺地球和月球应该相距多远，地球和火星应该相距多远。学生应该调整预测，使其和计算相符。

6. 比较火星模型与地球和月球模型的大小，让学生演示他们的模型距离。

解释/详述：

1. 让学生交流他们如何确定所有天体的直径和距离。学生可以用许多不同的方法得出正确的比例模型大小。在学生解释做法时，强调单元内容是很重要的。这一部分强调了CCSS-M的比率和比例。

2. 比较模型距离（地球和月球之间的距离以及地球和火星之间的距离）时，让学生在其附近选择一个能够反映地球和火星之间模型距离的地标。

评价：

作为评估学生自我理解和全班理解的拓展和手段，学生应该估计从地球到月球需要多长时间，从地球到火星需要多长时间。学生应该研究这次行程可能会走的路线。

学生预估

姓名：   日期：

1. 月亮离地球有多远？请估计一下。

2. 月球和地球相比有多大？请估计一下。

3. 地球和月球之间有多少个地球直径？

学生学案

改编自美国宇航局的地球、月球和火星气球课程

使用此表中的信息确定地球气球的比例尺，并计算其他模型的大小。请务必填写表格中任何空缺的信息。测量单位为千米（km）和厘米（cm）。将所有气球吹到计算出的模型大小。

天体	直径（km）	模型直径（cm）
地球	12 756	20
月球	3 476	
火星	6 794	

续表

天体	直径(km)	模型直径(cm)
火卫一	22	

使用下表计算行星之间的距离。

天体	距离(km)	模型距离(cm)
地球到月球	384 000	
地球到火星	78 000 000	

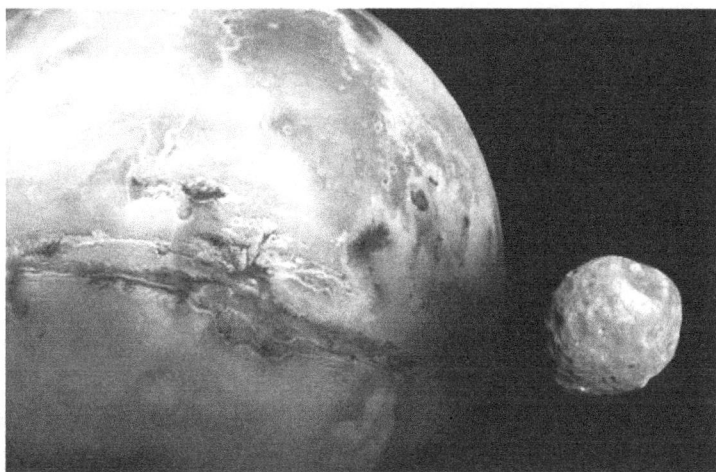

图1　火星和火卫一的图像

(NASA/JPL Caltech/Malin Space Science Systems/Texas A&M University)

如果从地球到月球旅行大约需要3天,请估计从地球到火星旅行需要多长时间。为了安全到达火星表面,人们会走什么路线? 在思考这个问题时,我们需要考虑哪些想法?

_____

_____

_____

_____

第9课:月球结束课

教师教案

概述

在月球最后一课中,学生用二维和三维模型模拟地球/月球/太阳系统。学生对月相进行建模,从不同的角度考虑月亮升起和落下的时间,不同月相的出现,并使用月球日志将模型和自然界中月亮的观测联系起来。

对应标准

NGSS DCI

● ESS1.B：太阳系中有许多不同的物体通过引力结合在一起。太阳系模型解释和预测日月食、月相和四季。

NGSS 交叉概念

● 规律。

● 系统和系统模型。

NGSS 科学与工程实践

● 开发和使用模型。

材料

● 代表地球的泡沫球（每个学生一个）。

● 代表月球的泡沫球（每个学生一个）。

● 泡沫球手柄棒（每个学生两个，每个泡沫球一个）。

● 图钉（每个学生两个，最好是不同颜色的）。

● 空白纸（每个学生一张）。

● 记号笔（每个学生 1-2 只）。

● 光源，如投影仪，用作太阳（每班一个）。

● 黑纸或深色的厚纸遮挡教室的所有窗户。

课程顺序

在月球最后一课中，教师需要两个泡沫球（一个代表地球，另一个代表月球，它们应该是按比例尺缩小的）。其他材料包括一支钢笔或铅笔（插在地球上用来旋转）和一个牙签（插在月球上用来旋转）。还需要两个图钉：一个应该放在学生家乡的位置，另一个应该放在学生家乡东部。还需要一个投影仪来代表太阳。学生应随身携带月球日志。教室应该完全漆黑，尽量减少室外光污染。

引入：

学生在过去的 5 周里一直在记录月球日志，所以开始先讨论学生认为为什么月亮有时看起来与其他时间不同。在黑板上记录两到三个解释。现在进入探索阶段。

探索：

1. 开始探索和建立月相模型，学生（要么单独完成，要么结对完成）在泡沫模型地球上放置图钉，一个代表学生家乡，一个代表学生家乡以东的一个州。同时询问学生他们的家乡位于赤道之上或是赤道之下。

2. 地球是如何绕轴自转的？ 让学生用泡沫球模拟地球绕轴自转的方向，按以下顺序进行。把地球放在投影仪（太阳）前面，让学生说明对于家乡的人来说太阳升起得更早，还是对于住在家乡东部的人来说太阳升起得更早？学生通常知道，对于家乡以东的人来说，太阳升起得更早。这个信息足以让学生了解地球是如何绕轴自转的（如果你从地球北极上方看地球，地球会绕轴逆时针旋转）。

3. 如何模拟日出和日落？ 让学生用泡沫球模拟地球应该如何定位，以说明他们家乡的

日出、正午、日落和午夜。

解释：

在家乡傍晚的天空中形成一个上弦月的月相,此时地球、月亮和太阳的几何位置是什么样的?

1. 让学生试着回忆他们什么时候观察到了上弦月月相。学生可能需要查阅月球日志。(学生应该记得或者能从月球日志上确认,在西南部的夜空中出现了上弦月的月相。)

2. 现在利用地球(大泡沫球)、月球(小泡沫球)和太阳,让学生想出一种方法,将这三个物体进行几何定位,以便在夜空中看到一个上弦月。(首先让学生把地球定位在地轴上,这样他们的家乡就会经历日落。)

在本课学习时学生经常会或早或晚表现出他们在这一点上的错误概念。这个点就是学生错误地以线性定位物体(学生创建的顺序往往是一端是太阳,中间是地球,另一端是月球)。学生试图将地球的阴影投射到月球上,从而创造出一个新月形的月亮(月球的黑暗部分是由地球的阴影造成的)。也就是说,学生把月亮放在家乡天空的东边,而把太阳放在家乡天空的西边。针对这一点,问学生,"那么是什么导致了月球的相位呢?"不可避免地,学生会说,是由"阴影"引起的。让学生明确说明,是什么阴影? 学生会说地球的阴影。然而,一些学生可能有了正确的位置关系——让这些学生讨论并解释他们的位置关系。

3. 为了让学生克服错误概念(如果学生对地球阴影存在错误概念的话),让学生在月球日志中寻找一条记录,显示夜空中出现了上弦月。许多学生会看到夜空中的上弦月(大约晚上7点)位于西南天空(大约方位角250度)。现在让学生回去模拟这个月相的几何位置,此时,月球位于西南天空,而不是许多人以前所认为的东部天空。**这是"啊哈!"瞬间,也是学生开始克服错误概念的地方。同样重要的是,学生要努力从地球模型上家乡的角度来观察他们的泡沫月亮,方法是蹲下来,让眼睛落在那个位置,从那个位置来观察他们的模型月亮。**

4. 现在知道了这些信息,让学生模拟上弦月的几何位置。问学生:"一天中第一次观察到上弦月是什么时候?"(正午)和"一天中最后一次观察到上弦月是什么时候?"(午夜)。与学生讨论如何知道一个物体何时开始进入视野。那座城市一定要正对这个物体吗? 或者在完全正对这个物体之前能看到它吗(换句话说,能向东先看到它吗)?

5. 模拟满月的几何位置。"一天中第一次观测满月是什么时候?"(日落)。"一天中最后一次观测满月是什么时候?"(日出)。

6. 模拟下弦月的几何位置。"一天中第一次观测到下弦月是什么时候?"(午夜)。"一天中最后一次观测到下弦月是什么时候?"(正午)。

7. 模拟新月的几何位置。

详述：

模拟上弦月的二维几何位置

1. 在这项活动中,学生需要一张空白白纸和一支记号笔。让学生闭上眼睛回忆上弦月的三维模型(地球、月球和太阳)。(这个月相中我们观察到月球在右侧半亮——北半球视角。）现在让学生在纸上画出上弦月时地球、月球和太阳之间的几何位置。

2. 学生完成后，教师在教室里走一圈，告诉学生你是一个外太空的太空旅行者，你决定降落在每个学生画的代表地球的圆圈中间。让学生标记出你这个太空旅行者在地球表面的着陆地点。完成后，让学生画出月球绕地球运行的方向。

3. 学生画完这些图画后，请让他们在全班面前分享他们的图画。有必要在课堂上请几位学生展示上弦月时他们的地球/月球/太阳的二维几何位置模型来激发课堂讨论。

评价：

1. 在课堂讨论中，让学生决定哪个二维模型最能代表上弦月时的几何位置，并解释原因（重要的是要选择各种看似不同的图画，让学生在黑板上复制他们的图画供课堂讨论。有些图画可能看起来不正确（例如，学生可能会显示月球绕两极的轨道），但实际上只是学生难以在二维图中表示月球轨道的问题。给学生一个机会解释他们的图画。

2. 在那张纸的背面，让学生画出下弦月时地球、月球和太阳的几何位置。

附录——项目补充

月球骗局挑战

1. 为什么黑色的月空中没有星星？

2. 月球上没有空气，美国国旗为什么在飘扬？

3. 为什么月球着陆器下方没有点火后的坑，而它强大的火箭引擎就是在那里点火的？

4. 为什么其中一张月球照片中的陨石坑与 51 号区域的陨石坑相似？

5. 为什么月球漫游舱内没有引擎的噪音？

6. 为什么强大的火箭引擎点火后脚印还在？

7. 为什么火箭引擎点火后月球着陆器的脚垫上没有灰尘？

8. 为什么月球漫游舱起飞时没有从发动机舱排出废气羽流？

9. 为什么当阿波罗号的胶片速度翻倍时，宇航员看起来像在地球上一样奔跑？

10. 宇航服体积庞大，宇航员如何熟练操作胸前安装的摄像机，拍摄了几千张非常清晰的照片？

11. 太阳是唯一的光源时，为什么阴影会投射到不同的方向？

12. 为什么宇航员和阴影中的物体在月球照片中看起来是背光的？

13. 在阿波罗 16 号任务录像中，同一座山为什么在两个不同日期的不同地点出现？

14. 在一张月球照片中，为什么一部分十字准线在月球车后面？

15. 宇航员如何能穿过范艾伦辐射带后生存下来？

16. 宇航员是如何在零下 250 度到零上 250 度的月球极端温度下生存下来的？

17. 为什么登月舱出现在一张照片中，而没有出现在另一张背景完全相同的照片中？

示例项目评估量表

项目评估量表（改编自 Kathy Schrock 的教育者指南）

	4（高）	3	2	1（低）
假设/猜想子驱动研究问题	学生提出一个深思熟虑、富有创造性的问题，参与富有挑战性或充满刺激的研究。该问题开辟了一个新的领域，或有助于在一个集中的、特定的领域获得知识	学生提出一个有针对性的问题，参与富有挑战性的研究	学生提出的问题容易得到现成的答案	学生依赖于老师提出的问题，或者学生提出的问题几乎不需要创造性思考
调查和数据收集方法	学生通过各种高质量电子和纸质来源收集自己的数据和信息，包括获得许可的适用的数据库。来源与项目相关，且保持内容的平衡，包括与研究问题或需要解决的问题相关的批判性阅读，包括第一手资料（如适用）	学生通过各种相关的纸质和电子来源收集信息	学生从有限范围的来源收集信息，在选择优质资源时几乎看不到学生的努力。	学生收集的信息缺乏相关性、缺乏质量、缺乏深度和平衡
数据分析	学生仔细分析收集到的信息，得出由证据支持的恰当的和创造性的结论。学生作者的观点很明显	学生的作品表明他们在分析收集到的证据方面很努力	学生的结论可以得到更有力的证据支持。分析水平本可以更深入	学生的结论只是简单地涉及重述信息。结论没有证据支持

项目评估量表（改编自 Kathy Schrock 的教育者指南）

	4（高）	3	2	1（低）
数据表示图/图表/模型和/或技术生成的视觉效果	学生认真思考使用的呈现形式和/或技术制作的视觉效果，以帮助他们理解项目研究，并协助交流研究结果	学生的呈现与研究项目相关	学生使用视觉效果，但没有对研究项目提供充分的支持或补充	学生没有使用技术制作的视觉效果呈现

续表

	4(高)	3	2	1(低)
整合	学生设计适当的结构来交流项目发现,包括各种有质量的信息。 结构的组织有逻辑性,有创造性,过渡平稳	学生作品的组织有逻辑性,并在观点之间建立良好的联系	学生本可以更加努力地组织作品	学生的作品结构不合理或不有效

项目评估量表(改编自 Kathy Schrock 的教育者指南)

	4(高)	3	2	1(低)
资料归档	学生记录了所有资料来源。无论是在文本/作品中,还是在引用的/参考的页面/幻灯片中,都适当地引用了来源。 资料归档无错误	学生仔细地记录了资料来源;无论是在文本/作品中,还是在引用的/参考的页面/幻灯片中,都引用了来源。几乎没有明显的错误	学生在记录资料来源时需要更加仔细。 资料归档的结构不佳,或者没有建档。文件结构不良或缺失	学生需要更有效地沟通,并将他们的结果与最初的研究问题联系起来
作品/过程	学生有效地、创造性地使用适当的沟通工具来传达他们的结论,并展示彻底、有效的研究方法。学生回答了他们的研究问题。作品展示了创造性和原创性。	学生将研究结果有效地传达给听众	有限的证据表明学生进行了深思熟虑的研究	学生几乎没有证据表明进行了深思熟虑的研究。作品不能有效地传达研究结果

总分_____

使用 Geometers' Sketchpad 软件模拟月球轨迹的帮助指南

为了模拟月球的轨迹和运动,学生需要确定月球的轨道速度(当月球绕地球运行时)和地球绕太阳运行时的轨道速度,并相应地调整相对速度。在 Geometers' Sketchpad(GSP)中,学生使用指南针工具绘制一个以太阳为中心的圆来模拟地球的轨迹(假设这是一条圆形轨迹)。使用地球/太阳模型距离,学生可以模拟月球与地球的距离(但是,由于屏幕限制,必须缩小 10 倍)。由于屏幕尺寸的原因,按比例进行一些缩小调整是必要的。

在 Geometers' Sketchpad 软件中创建月球轨迹

1. 使用左侧菜单中的"Compass Tool",绘制一个圆(地球轨迹模型)。

2. 将圆放置在尽可能靠近屏幕中心的位置。

3. 可以通过单击并拖动圆上的红点来调整圆的大小。

4. 需要在圆的周围留下大约 2 厘米的空间,这样就可以看到整个月球的轨迹。

5. 把圆画成你想要的样子后,右击圆上的红点将其隐藏。

6. 在左侧菜单中选择"Point Tool",并在圆上设置一个点(地球模型)。

7. 选择圆中心的点和圆上的点。

8. 在顶部工具栏的"Measure"下,选择"Distance",就会看到屏幕左上角显示的太阳——地球模型之间的距离。

9. 根据太阳——地球/地球——月球比率和太阳——地球模型距离,计算出地球——月球模型距离。

10. 在左侧菜单中选择"Straightedge Tool",并在屏幕右上角绘制一个弓形(远离你画的圆)。

11. 仅选择弓形(而不是端点)。

12. 在顶部工具栏的"Measure"下,选择"Length",就会看到屏幕左上角显示的弓形的长度。

13. 通过单击并拖动弓形的一个端点,调整弓形的长度,使其与上面第 9 条中计算的地球——月球模型距离的长度相匹配。

14. 仅选择弓形(而不是端点)和地球模型。(提示:可以在弓形周围拖动一个框,以突出显示弓形和端点。然后,按住 control 键,可以取消选择端点,只突出显示线段。)

15. 在顶部工具栏的"Construct"下,选择"Circle By Center+Radius"(月球绕地球的轨迹模型)。

16. 在左侧菜单中选择"Point Tool",并在月球轨迹的模型上设置一个点(月球)。

17. 在顶部工具栏的"Display"下,单击"Show Motion Controller"。

18. 选择地球和月球模型。

19. 单击 Motion Controller 上的前进按钮。

20. 在 Motion Controller 上的"Target Point"菜单下,仅选择一个点(地球或月球模型)。

21. 设置所选模型的速度。(提示:在保持比率恒定的同时,可能需要调整速度的比例,以便观察轨迹。)

22. 重复第 20 步和第 21 步,设置另一个模型。

23. 仅选择月球模型(可能需要暂停 Motion Controller 上的运动来执行此操作)。

24. 在顶部工具栏的"Display"下,选择"Trace Point"。

注意:可以突出显示一个点,然后使用"Edit"菜单下的"Properties"选项重命名这个点。

参考文献

Baxter, J. (1989). Children's understanding of familiar astronomical events. *International Journal of Science Education*, 11(5), 502-513.

Bodner, G. M., & Guay, R. B. (1997). The Purdue visualization of rotations test. *The Chemical Educator*, 2(4), 1-17.

Chéreau, F. (2010). *Open source planetarium*. [Computer Software].

Cole, M., Cohen, C., Wilhelm, J., & Lindell, R. (2018). Spatial thinking in astronomy education research. *Physical Review Physics Education Research*, 14(1), 010139.

Cole, M., Wilhelm, J., & Yang, H. (2015). Student Moon observations and spatial-scientific rea-soning. *International Journal of Science Education*, 37(11), 1815-1833.

De Paor, D., Dordevic, M., Karabinos, P., Burgin, S., Coba, F., & Whitmeyer, S. (2017). Exploring the reasons for the seasons using Google Earth, 3D models, and Plots. *International Journal of Digital Earth*, 10(6), 582-603.

Fanetti, T. M. (2001). *The relationships of scale concepts on college age students' misconceptions about the cause of the lunar phases* (Master's thesis, Iowa State University).

Fox Network Video (2001). *Conspiracy theory: Did we land on the Moon?* Nash Entertainment.

Glandon, S. (2000). *Caldecott connections to science*. Libraries Unlimited.

Lamar, M. F., Wilhelm, J. A., & Cole, M. (2018). A mixed methods comparison of teachers' lunar modeling lesson implementation and student learning outcomes. *The Journal of Educational Research*, 111(1), 108-123.

Lindell, R. S., & Olsen, J. P. (2002, August). Developing the lunar phases concept inventory. In *Proceedings of the 2002 Physics Education Research Conference*. New York: PERC Publishing.

McGraw-Hill Education. (2018). Geometry Visualization sketchpad. [Computer Software].

Mulholland, J., & Ginns, I. (2008). College MOON project Australia: Preservice teachers learning about the Moon's phases. *Research in Science Education*, 38(3), 385-399.

NGSS Lead States. (2013). *Next generation science standards. For states, by states.* Washington, D. C: National Academies Press.

Plummer, J. D., Bower, C. A., & Liben, L. S. (2016). The role of perspective taking in how children connect reference frames when explaining astronomical phenomena. *International Journal of Science Education*, 38(3), 345-365.

Polman, J. L. (2000). *Designing Project-Based Science: Connecting Learners through Guided Inquiry. Ways of Knowing in Science Series.* New York, NY: Teachers College Press.

Russey, C., Wilhelm, J., & Jackson, C. (2013). *Middle school students' mathematical comprehension of latitude and longitude.* Proceedings of the Thirty-fifth Annual Meeting of the North American Chapter of the International Group for the Psychology of Mathematics Education, PME-NA-Chicago, IL, (November 14-17, 2013).

Thurber, J. (1998). *Many Moons.* San Diego: Harcourt Brace International.

Venville, G. J., Louisell, R. D., & Wilhelm, J. A. (2012). Young children's knowledge about the Moon: A complex dynamic system. *Research in Science Education*, 42(4), 729-752.

Wilhelm, J. (2009). Gender differences in lunar-related scientific and mathematical understand-ings. *International Journal of Science Education*, 31(15), 2105-2122.

Wilhelm, J. A. (2014). Young children do not hold the classic Earth's shadow misconception to explain lunar phases. *School Science and Mathematics*, 114(7), 349-363.

Wilhelm, J. , Cameron, S. , Cole, M. , & Pardee, R. (2015). Using professional noticing to address middle level students' alternative conceptions of lunar phases. *Science Scope*, 39(1), 32.

Wilhelm, J. , Cole, M. , Cohen, C. , & Lindell, R. (2018). How middle level science teachers visual-ize and translate motion, scale, and geometric space of the Earth-Mon-Sun system with their students. *Physical Review Physics Education Research*, 14, 010150.

Wilhelm, J. , Ganesh, B. , Sherrod, S. , Ji, J. (2007). *Geometric spatial assessment*. Assessment developed at Texas Tech University, Lubbock, TX.

Wilhelm, J. , Jackson, C. , Sullivan, A. , & Wilhelm, R. (2013). Examining differences between preteen groups' spatial-scientific understandings: A quasi-experimental study. *The Journal of Educational Research*, 106(5), 337-351.

Wilhelm, J. , Toland, M. , & Cole, M. (2017). Evaluating middle school students' spatial-scientific performance within Earth/space astronomy in terms of gender and race/ethnicity. *Journal of Education in Science Environment and Health*, 3(1), 40-51.

Zeilik, M. , & Bisard, W. (2000). Conceptual change in introductory-level astronomy courses. *Journal of College Science Teaching*, 29(4), 229.

第六章

设计化学反应解决热能状况（CREATES）

在 CREATES 单元中，学生通过"如何利用化学反应来保持舒适感？"这个驱动问题来探索与化学反应和化学反应热能相关的化学概念。重点放在考虑物质的宏观视角（即我们所能观察到的）和微粒视角（即原子、分子、离子等）及其发生的变化。学生要按工程设计流程来设计、测试和改进一个化学热/冷包。这个单元包括两个基本的化学概念：质量守恒定律和物质的微粒性质，这是后续化学教学内容的基础。这个单元的系列课程聚焦下一代科学标准（Next Generation Science Standards）（NGSS Lead States，2013）中的预期表现 MS-PS1-2（分析和解释物质相互作用前后的特性数据，以此判断化学反应是否发生），MS-PS1-5（开发并使用一个模型来描述原子总数在化学反应中如何维持不变，因而质量守恒），和 MS-PS1-6（完成设计项目来构建、测试和改进一个通过化学过程释放或吸收热能的装置）。这三个预期表现建立在之前提到的概念之上，即介绍物质微粒性质，包括物质的结构和功能。在下一代科学标准（简称 NGSS）中，初中化学的重点是为容易观察到的宏观现象提供微粒解释。CREATES 单元课程的重点就是辨别化学反应，将其与物理变化区分开来，探索与化学反应相关的能量变化，以及理解质量守恒定律。

CREATES 单元推出三年来，已被十多位教师使用。每一位教师都得到了职业上的发展，在自己的课堂上实施 CREATES 之前，都作为学习者体验了课程。针对课程的有效性，研究表明学生对物质微粒性质、物质守恒和空间思维的理解有所提高。研究还发现学生在学习 CREATES 课程时，显著提高了对物质微粒性质的理解，并且初中学生和老师对物质微粒性质与空间思维的理解上也呈显著正相关（Cole，2017）。这项研究还发现，在关于物质微粒性质的多项选择测试中，回答正确的学生比回答不正确的学生具有更高的空间思维能力。类似的发现还有初中学生对物质守恒和空间思维的理解有显著的正相关关系，参加了 CREATES 课程学习后，学生对物质守恒的理解显著提高（Cole，Wilhelm，Fish，& Fish，2018）。关于 CREATES 的研究还表明，空间思维能力较强的学生在回答关于化学和物质问题时，往往发言更多，解释更完整；而空间思维能力较弱的学生则更多使用与相同问题相关的关键词，但往往对自己的回答很少或根本没有解释（Cole，2017）。CREATES 中使用的评估说明参见表6.1。

表 6.1　CREATES 单元使用的评估

评估	开发者	类型
里程碑	Polman（2000）［罗里·瓦格勒的里程碑］	里程碑标记—分享项目进展的检查点（所有阶段）
物质微粒性质评估（ParNoMA）	Yezierski（2003）	科学概念调查——20 道多项选择题（选项数量不同）
普渡（Purdue）空间可视化测试-旋转（PSVT Rot）	Bodner and Guay（1997）	思维旋转测试——20 道多项选择题
物质守恒评估（CoMA）	Pyke and Ochsendorf（2004）	科学概念调查——10 道多项选择题和简答题

　　CREATES 符合 NGSS 中的学科核心思想、预期表现和交叉概念，例如设计模型来描述质量守恒（PS1-5）和化学反应之前、期间和之后物质的特性（PS1-2）。在这些模型中，学生从观察物理变化和化学变化开始，然后用对物质微粒性质的理解来解释观察所得。此外，CREATES 也符合"国家通用数学核心标准"（Common Core State Standards for Mathematics，CCSS-M），例如使用比率和比例（6. RP. A. 1，7. RP. A. 2）来描述分子中原子之间的比例关系以及化学反应中反应物和生成物之间的比例关系。要求学生理解和总结收集的数据（6. SP. B. 5），使用数据来推理（MP. 2），并且创建模型来解释数据（MP. 4）。工程设计部分构成了单元内项目的基础，学生需要应用化学反应知识来设计一个使用热能的装置（PS1-6）。在整个单元中，学生将应用 NGSS 中关于规律、能量和物质的交叉概念和 CCSS-M 中的数学建模实践，即：抽象地、定量地论证，在反复论证中寻找和表达规律性。在单元学习中，学生还要进行 NGSS 科学和工程实践，开发和使用模型，分析和解读数据，构建解释和设计解决方案。

　　这一系列的课程聚焦于下一代科学标准（NGSS）的预期表现 MS-PS1-2、MS-PS1-5 和 MS-PS1-6。这三个预期表现都基于之前介绍的物质微粒性质的概念，包括物质的结构和功能。在 NGSS 中，初中化学的重点是为容易观察到的宏观现象提供微粒解释。CREATES 课程的重点是辨别化学反应，将其与物理变化区分开来，探索与化学反应相关的能量变化，以及理解质量守恒定律。完成前两节课后，学生要观察化学冷/热包，并且开始思考其工作原理。在剩下的课程中，学生要改进对热包和/或冷包的想法，并提出一个设计自己的冷/热包的计划。

　　在整个单元中，学生要参与两种类型的项目，对这两种项目的介绍是同时出现在单元中的，这样可以让学生的项目工作贯穿整个单元。首先，学生按照工程设计流程来设计、创建、测试并运用从单元课程中学到的知识，重新设计一个热包或冷包。而后，学生基于单元的驱动问题，设计自己的子驱动问题加以研究；他们要探索、分析并提出其他通过使用化学反应来保持身体舒适的方法。学生子驱动问题的示例有：使用化学能加热（或冷却）与使用其他种类的能源相比如何？什么样的化学反应比其他反应更能维持使人舒适的温度？如何测量化学反应释放（或消耗）的热量？什么温度范围是让人感到舒适的理想温度？工程师如何设计加热或冷却装置？体内的化学反应如何调节温度？当设计要素不能满足所有的要求时，工程师们如何决定哪些要素最重要？

文献综述

Gabel（2005）认为学生理解化学困难有两个主要原因：（1）大多数的课程教学都是在符号层面上进行的，假定学生能够自己建立宏观和亚微观层面的关联；（2）学生对自然世界如何运作有自己的概念理解，包括对基础化学的错误概念。作者讨论了第一个原因，即大多数化学教学都是在符号层面上进行的，但是学生需要参与所有三个层面（即宏观、亚微观和符号）的学习，才能真正理解化学。CREATES 单元课程遵循化学概念的发展，这些概念既出现在作者的研究中，也出现在 NGSS 中。这些课程既需要宏观观察，也要求对考虑的现象进行微粒（即亚微观层面）解释。例如，课程不仅要求学生计算在化学反应前后质量的守恒，还要求学生观察并就生成物和反应物建模。课程的重点是学生在宏观和微粒两个层面的建模。

物质的微粒性质指的是导致化学现象的原子、分子和离子之间的相互作用（Bunce & Gabel，2002；Gabel，1999；Johnstone，1991）。物质的微粒性质概念包括：（1）物质由微小的单个微粒组成；（2）微粒总是在运动；（3）微粒的性质及其相互作用决定了物质的属性（Nyachwaya et al.，2011）。Margel，Eylon 和 Scherz（2008）在讨论物质微粒性质的重要性时认为，对物质微粒性质概念的理解说明了"物质材料的结构、特性和应用之间的关系，这将帮助我们理解发生在周围世界的现象"（p.135）。

理解物质由微粒（即原子、分子和离子）组成对于学生理解化学反应如何发生和为什么发生十分重要。Smith，Wiser，Anderson 和 Krajcik（2006）主张"对原子分子理论的理解在很大程度上要基于已经学习过的宏观概念（例如，物质具有重量并占据空间），同时，它也对宏观性质和现象提供了更深入的解释"（p.12）。如果学生无法想象物质是由微小粒子组成的，他们就无法理解这些微粒是如何通过化学反应或物理过程相互作用的。Wright（2003）认为"学生了解了原子，也就掌握了开启物理学、化学、生物学和地球科学之门的钥匙"（p.18）。

另一些研究发现，儿童对物质的理解是碎片化的，并不是构成真正的解释框架的一部分。此外，儿童对物质的看法似乎更具描述性而非解释性，他们将宏观特性视为物质的内在特性（Nakhleh & Samarapungavan，1999）。这些研究还指出，儿童对物质的概念并没有在整个学科谱系内得到连贯一致的发展，对固体与液体或气体的比较也有不同的理解。研究人员还发现，初中学生正处于向更科学准确的物质微粒观过渡的过程中，但在研究中，近三分之一的初中学生继续持有不准确的宏观概念（Nakhleh，Samarapungavan，& Saglam，2005）。

学生往往很难理解化学反应中的物质守恒，因为物质发生了变化。在一项针对六年级学生的研究中，Lee，Eichinger，Anderson，Berkheimer 和 Blakeslee（1993）发现学生很难理解物质由分子构成的观点。相反，许多学生认为分子在物质中的作用类似于饼干里的巧克力，巧克力是饼干的一部分，但是巧克力做不成饼干。他们还发现，学生很难理解溶解或状态变化时的物质守恒，尤其是发生气化时。学生也常常把溶解等同于消失（Lee et al.，1993）。

化学对自然现象的解释力在于原子层面（Hesse & Anderson，1992；Treagust & Chittleborough，2001），但学生通常需要自己将宏观观察和微粒解释联系起来。研究者建议，为帮助学生建立对化学的理解，需要在原子层面上进行教学（Ahtee & Varjola，1998；Gabel，1993）。与 Lee 等人（1993）的观点类似，Nakhleh 等人（2005）也认为学生难以将物质视为微粒的原因之一，是因为他们继续将自己的观点仅仅建立在观察之上，而不是将科学课上关于物质微粒抽象的新信息融入对物质的理解框架中。

评估

CREATES 单元中的评估形式多样且持续进行。单元学习前后，关于空间和科学内容的测评用于评估学生对物质微粒性质（ParNoMA；Yezierski，2003）和物质守恒（CoMA；Pyke & Ochsendorf，2004）的理解，以及学生的思维旋转能力（PSVT-Rot；Bodner & Guay，1997）。里程碑贯穿整个单元，学生可以与其他同学和老师分享正在进行的项目工作。教师也可以要求学生在整个单元里创建科学笔记本。科学笔记本既是学生记录项目想法和进度、基准课程学习、需要思考的问题的工具，也是教师评估学生整个单元进度的依据。

CREATES 概述

学生通过"如何利用化学反应来保持舒适感？"这个驱动问题，探索与化学反应和化学反应热能相关的化学概念。强调从宏观（即能观察到的）和微粒（即原子、分子、离子等）的角度思考物质及其发生的变化。学生利用工程设计流程，设计、测试和改进一个化学热包或冷包，并运用在本单元中学习的知识，以第一个项目为出发点，实施自己设计的项目。第二个项目允许学生调查自己的子驱动问题。本单元除了介绍化学反应外，还包括化学中的两个基本概念：质量守恒定律和物质微粒性质。后续的化学教学内容均建立在这些概念的基础之上。表6.2列出了 CREATES 基准课程的进度。详细的教案在本章末尾。

表6.2 CREATES 单元内的基准课程

第1课	食物中的化学物质有多安全？学生思考什么是化学物质，是否所有化学物质都是有害的。在整个课程中，学生创建并完善化学物质的定义，分辨什么是化学物质，什么不是化学物质。
第2课	饼干什么时候变成饼干？学生学习化学变化和物理变化，确定每种变化的定义和标准。最初的学习情境是制作饼干，讨论涉及的步骤以及每个步骤可以观察到的变化。

续表

工程项目介绍	向学生介绍本单元的一个项目:使用工程设计来制造、测试和改进化学热包或冷包。提醒学生注意驱动问题,为他们购置热包或冷包,让学生观察和思考冷/热包的工作原理。学生研究冷/热包,然后讨论自己的项目需要使用什么限制条件。最后学生提出制作样品的初步计划。
第 3 课	*如何判断是否发生了化学反应?* 建立在第 2 课区分化学变化和物理变化的内容之上。学生区分反应物和生成物,并思考在化学反应过程中它们在微粒层面分别发生了什么。学生还要建立化学反应中原子重新排列的模型,为学习质量守恒定律打下基础。最后,学生要能够识别出发生化学反应的迹象。
第 4 课	*质量发生了什么?* 要求学生设想、建模和测试在化学反应过程中质量发生了什么。在发现了证实质量守恒定律所需的条件之后,学生要设计一个可以用来证实质量守恒定律的实验,并写一封信来描述这个实验。
第 5 课	*如何知道分子的质量?* 继续将宏观与微粒层面关联起来,介绍原子以恒定比率结合的概念。学生创建一个周期表,用来关联原子和分子的质量。介绍定比例定律,学生运用所在年级水平的比率和比例的数学知识来学习原子以恒定比率结合。
第 6 课	*为什么烧杯的温度会变化?* 向学生介绍概念:一些化学反应以热的形式释放能量,而另一些化学反应则需要补充能量。他们要探索影响化学反应中热能数量的因素。在制作了简易的热包或冷包后,学生要实施他们自己的工程设计项目任务。

第 1 课"食物中的化学物质有多安全?"让学生思考什么是化学物质,是否所有化学物质都是有害的。学生根据配料成分来判断该食物是否适合食用。然后,学生根据生活经验和阅读资料,分组提出化学物质的定义。在整个课程中,学生创建并完善化学物质的定义,学习什么是化学物质,什么不是化学物质。学生通过阅读文章来理解如何以及何时使用化学物质,讨论化学物质作为一个整体不断发展的定义。在课程结束时,重新查看配料表,思考另一个问题:学习了化学物质后是否会吃这个食物;至于这个食物是什么,只有在课程结束时才能对学生揭晓。

在下一课"饼干什么时候变成饼干?"中,学生学习化学变化和物理变化,确定每个变化的定义和标准。最初的学习情境是制作饼干,讨论涉及的步骤和每一步可以观察到的变化。在课堂上就化学变化和物理变化的含义和识别达成共识后,学生的任务是制作一个马克杯蛋糕,识别发生的变化,并确定生的配料什么时候变成蛋糕,他们是如何知道的。

这之后,向学生介绍本单元的第一个项目:使用工程设计制作、测试和改进化学热包或冷包。提醒学生思考驱动问题:"如何利用化学反应来保持舒适感?"给学生购置热包或冷包,让学生观察和思考它们的工作原理。学生研究提供给他们的热包或冷包,然后讨论自己的项目需要使用什么限制条件。然后,学生对准备做什么以及如何制作样品提出初步计划。这些计划将在余下的课程以及所有配合项目需要的课程中加以完善。

　　第3课"如何判断是否发生了化学反应?"建立在第2课区分化学变化和物理变化的内容之上。学生区分化学反应中的反应物和生成物，并思考在化学反应过程中它们在微粒层面分别发生了什么。学生还要建立化学反应中原子重新排列的模型，为学习质量守恒定律打下基础。最后，学生要识别出发生化学反应的迹象。这是一个特别重要的主题，它将宏观和微粒的概念关联起来。

　　第4课"质量发生了什么?"要求学生预测、建模和测试在化学反应过程中质量发生了什么。在发现了证实质量守恒定律所需的条件之后，学生要设计一个可以用来证实质量守恒定律的实验，并写一封信来描述这个实验。他们要和一位同学交换信件，对信中的解释和实验提出意见，然后在全班分享。

　　第5课"如何知道分子的质量?"继续将宏观与微粒层面关联起来，介绍原子以恒定比率结合的概念。学生要创建一个周期表，用来关联原子和分子的质量。这一课还要介绍定比例定律，学生可以用适合所在年级水平的比率和比例的数学知识来观察和理解原子以恒定比率结合形成分子。

　　第6课"为什么烧杯的温度会变化?"向学生介绍概念:一些化学反应以热的形式释放能量，而另一些化学反应则需要补充能量。他们要继续探索影响化学反应中产生或消耗的热能数量的因素。

　　完成基准课程后，学生继续使用工程设计方法来制作更好的热包或冷包，达到给定的要求。这些要求各班之间有所不同，包括诸如材料成本、可重复使用性或美观性之类的内容。热包或冷包要基于从第2课之后开始的设计，并在单元的其余课程进行中改进设计。学生应该超越化学包的设计，需要制作、测试和重新设计改进，然后与同学分享自己的样品。工程设计过程或冷热包展示会也是邀请社区专家来参与分享的好时机，达到使项目尽可能真实的目的。

　　正如在第三章中学习的，设计、测试和制作热包或冷包是一个"项目"，但是仅有一个项目并不能构成一个基于项目的单元。在本单元的工程设计项目中，所有学生都要解决一个与驱动问题相关的问题(使用化学物质保持舒适感)，但他们都用大体上相同的方法解决了相同的问题。这个项目没有让学生拓展自己的子驱动问题，并执行和此问题相关的项目。要让CREATES成为一个PBI单元，学生应该完成一个由自己的子驱动问题指导的项目。学生会希望利用在工程设计项目或单元课程中的其他地方(例如进度里程碑或基准课程)学到的内容，指导自己的PBI单元项目子驱动问题和项目设计。

CREATES 课程

　　以下课程有助于学生理解化学反应、质量守恒定律、热化学和化学的整体知识。该单元的重点是驱动问题"如何利用化学反应来保持舒适感?"，它的前提是学生已经学习了物质的结构。第一个单元项目采用工程方法来解决问题，前提是学生熟悉工程设计(根据下一代科学标准的描述)。第二个单元的项目由第一个项目和驱动问题拓展而来，学生可以研究如何利用化学反应来保持舒适感。

第 1 课：食物中的化学物质有多安全？

本课让学生开始思考什么是化学物质，为本单元其他部分的内容做好准备。课程没有对化学物质下定义，而是让学生通过单词分类活动、阅读材料和小组讨论来给化学物质下定义。本课程大体上与学科核心概念（Disciplinary Core Idea，DCI）"PS1.B：化学反应"相关，这一课的重点是一个不确定的术语——化学物质。这个术语还没有很好地被定义，有时甚至根本没有被定义。许多化学教科书除了将它作为另一个术语的一部分外，没有把它列入词汇表。美国化学学会（The American Chemical Society）网站有时将"chemical"这个术语与"matter"这个术语混用。字典里通常将"chemical"作为定义的一部分来识别这个词。难怪公众对化学物质的定义知之甚少。本课程通过了解科学的本质来对标科学与工程实践交叉概念。学生将科学作为一种认识世界的方式来学习，科学解释是基于证据的，同时，新的证据也可以改变科学解释。驱动问题使用了"化学反应"这个短语。在学生开始思考如何使用化学反应之前，他们需要了解什么是化学物质，了解并非所有的化学物质都是危险的。

引入

1. 展示成分表，但不展示图片不告诉学生这种食物是什么。（注：网上有很多提供了成分表的食物信息。这里用香蕉这种常见的健康食物，但也可以用另一种食物替代。）

2. 问学生是否愿意把这种食物当零食吃。

（a）通过投票来调查一下谁会吃。

（b）问几个学生他们选择的理由。

3. 学生分成小组来确定食物中的成分是化学物质还是非化学物质。学生如何判断哪些物质是化学物质？

成分：水（75%），**糖（12%）**［葡萄糖（48%），果糖（40%），蔗糖（2%），麦芽糖（<1%）］，淀粉（5%），纤维 E460（3%），**氨基酸（<1%）**［谷氨酸（19%），天冬氨酸（16%），组氨酸（11%），亮氨酸（7%），赖氨酸（5%），苯丙氨酸（4%），精氨酸（4%），缬氨酸（4%），丙氨酸（4%），丝氨酸（4%），甘氨酸（3%），苏氨酸（3%），异亮氨酸（3%），脯氨酸（3%），色氨酸（1%），胱氨酸（1%），酪氨酸（1%），蛋氨酸（1%）］，**脂肪酸（1%）**［棕榈酸（40%），Omega-3 脂肪酸：亚麻酸（8%），油酸（7%），棕榈烯酸（3%），硬脂酸（2%），月桂酸（1%），肉豆蔻酸（1%），癸酸（<1%）］，灰分（<1%），植物甾醇，E515，草酸，E300，E306（生育酚），茶苯醌，硫胺素，**色素**［黄橙 E101（核黄素），黄棕 E160a］，**香料**（3-甲基-1-丁醇酸盐，2-甲基丁酸乙酯，2-甲基丙烷-1-醇，3-甲基丁基-1-醇，2-羟基-3-甲基丁酸乙酯，3-甲基丁醛，己酸乙酯，丁酸乙酯，乙酸戊酯），天然催熟剂（乙烯气）（Monash，2014）。

探索

1. 每 4 个学生一组，每组发一套卡片。这套卡片要包括光、香蕉、咖啡、食盐、阿斯巴甜、碘、铁、声音、空气、醋、热、小苏打、玉米、煤、蔗糖、愤怒、电、水、牛奶、可口可乐。

2. 让学生将卡片按类别分为化学物质、化学混合物和非化学物质。不要提供定义或附加说明。学生要在小组内决定每组卡片的标准。有些组可能会有一个未知类别。看看学生是如何分类的。

3. 把卡片按分好的类别放在一边。后面会重新讨论。

解释

1. 以小组为单位，学生写出一种化学物质的定义。包括：是什么构成了化学物质？什么不是化学物质？纯化学物和混合化学物的定义不同吗？天然和人造化学物质的定义不同吗？

2. 全班分享定义。就"是什么构成了化学物质"达成一致或接近一致的意见。这个定义后面可以修改，因此不需要达成最终共识。如果需要的话，现在可以提出一个以上的定义或标准来判断是什么构成了化学物质。

详述

1. 发给学生适合他们所在年级程度的包括化学物质内容的文章（例如，De Antonis，2010；Haines，2009；Perkins，2015；Rohrig，2011；Tinnesand，2014；Washam，2010；Zielinski，2015），给同组的每个学生不同的文章。

2. 学生要独立阅读文章，回答导读问题。

（a）你读了哪篇文章？

（b）文章中讨论了哪些化学物质？

（c）这些化学物质是在哪里发现的？

（d）这些化学物质是有益的还是有害的？解释你的回答。

3. 让学生花几分钟时间咨询阅读同一篇文章的其他人。学生可以建组讨论，分享答案，互相提问和回答。在离开这个讨论组之前，每个学生都应该是这篇文章的"专家"。

4. 回到原来的小组后，学生要轮流分享他们阅读的文章内容以及在文章中学到的关于化学物质的知识。

评估

1. 让学生看一下之前的卡片分类。

（a）他们还同意这些分类吗？有什么需要改变的吗？

(b)要求学生根据已经了解的内容将卡片移到不同的类别。

2.重温先前所写的化学物质的定义。是否需要更改？要求学生对任何建议的更改做出合理的解释。

3.再进行一轮投票,询问学生是否愿意吃成分表代表的零食。

(a)有学生改变主意了吗？

(b)告诉学生这是香蕉的成分表。这会让他们做出不同的决定吗？

4.要求学生简要描述应该如何解释什么是化学物质以及化学物质对家庭成员是否安全。他们应该用什么证据来支持自己的主张？

第 2 课：饼干什么时候变成饼干？

在本课中,学生将通过熟悉的饼干制作情境开始思考化学变化和物理变化。与第 1 课的形式类似,学生给化学变化和物理变化下定义并确定识别它们的标准。在课程结束时,学生互相比较他们的定义和标准,为在下一节课中探索化学反应迹象奠定基础。这节课与"DCI PS1.B:化学反应"有关。为了了解化学反应,学生首先要能够识别化学反应。这节课针对的是预期表现(PE)MS-PS1-2(分析和解释物质相互作用前后的属性数据,以确定是否发生了化学反应)。这节课允许学生提出自己的想法(基于观察和先前的经验)来确定他们认为什么时候发生了化学反应。下一课将对此进行扩展,探索化学反应的证据。驱动问题要求学生使用化学反应来保持舒适感。在使用化学反应之前,他们要能够区分化学反应和物理变化。

引入

1.让学生思考如何做饼干。让他们描述这个过程,将提纲写在黑板上。如果学生不熟悉烘焙,可以在网上找一个制作饼干的烹饪节目视频。

2.让学生思考这个过程的每一个阶段发生了什么——混合配料,把饼干分好放在饼干纸上,然后烘烤。

(a)饼干在每个阶段都一样吗？它们是相同的还是不同的？如果不同,它们是在什么时候变成饼干的？

(b)饼干在每个阶段都经历了物理变化或者化学变化吗？你是怎么知道的？

探索

1.把成套的卡片分发给每组。每套卡片里都要包含以下内容的卡片各一张:木头变成锯末,烤面包,水里的泡腾片,煮鸡蛋,用黏土做雕像,鲜奶变成酸牛奶,冰变成液态水,铁钉生锈,融化的蜡,混合蛋糕配料,烤蛋糕,燃放烟花,用脚踩可乐罐,混合盐和水,修剪草坪,消化比萨。

2.学生可以根据自己选择的任何标准对卡片进行分类,所有卡片都必须归类。

3.卡片分类完成之后,每个组要解释为什么每个类别里分到了这些卡片。他们是如何决定卡片归属的?

解释

1.介绍"物理变化"和"化学变化"这两个术语,但不给术语下定义。

2.要求学生将他们的分类划分为物理变化或化学变化。有需要移到其他类别的卡片吗? 现在是否还有不确定的类别?

3.全班讨论,就物理变化和化学变化的定义达成一致意见,包括每个变化的迹象和/(或)示例。

详述

1.要求学生列出后面的变化(见下文的演示列表),并预测每个变化是化学变化还是物理变化。学生要提供需要寻找的证据来支持他们的选择。

2.演示(或让学生在工作台上体验)下面的每一个变化。学生要全程观察。

（a）把铝箔撕成条。

（b）烤棉花糖。

（c）融化巧克力。

（d）用蘸有酒精的棉签擦拭一块玻璃。

（e）在水中溶解食盐。

（f）混合硫酸镁和碳酸钠水溶液（应形成沉淀物）。

3.演示了每一个变化之后,学生要用他们的观察来解释为什么自己最初的预测是正确的或者是不正确的。提醒学生提供证据支持他们的判断。

4.让学生把每个案例中发生的画出来。必须包括宏观图（我们可以看到/观察到的）和微粒图（在微粒层面发生的）。微粒图是如何帮助解释宏观观察的?

评估

1.让学生做一个马克杯蛋糕家庭作业,全程观察。学生要利用观察结果来支持他们观察到的是化学变化还是物理变化的判断。最后,他们需要确定什么时候"蛋糕变成了蛋糕",以及他们是如何知道变化是什么时候发生的。

（a）马克杯蛋糕配方可以在网上找到。选择一个适合学生的配方。

（b）一个简单的配方是把一盒只需加水的天使食品蛋糕预拌粉和一盒自选的蛋糕预拌粉混合在一起。两汤匙水加入三汤匙的预拌粉搅拌,然后在微波炉中加热1分钟。

2.让学生在全班分享他们了解到的蛋糕在什么时候变成了蛋糕。他们是根据什么来确定的?

3. 回到学生最初写下的化学变化和物理变化的定义。给学生提供化学和物理变化的公认定义。让学生将他们的定义与公认的定义进行比较。

4. 备选方案：如果学生无法制作马克杯蛋糕，可以要求学生记录一份从此时开始到下节课时他们观察到或经历的化学变化和物理变化的清单。学生给每一个物理变化或化学变化标注标签，包括他们如何判断的证据。然后继续下面的课程。

课程间歇：介绍工程设计项目

现在，向学生介绍本单元的项目。该项目基于预期表现 PE MS-PS1-6（实施一个设计项目，制造、测试和改进一个通过化学过程释放或吸收热能的装置）。根据评估标准，学生在设计和测试装置时应着重改变物质的数量、时间和温度。尽管这个预期表现描述的是化学过程，但说明里特别提到了溶解一种物质，这表明可以使用物理变化或者化学变化。

1. 为每一组学生提供提前购置的热包或冷包。

2. 要求学生对最初的和激活后的冷热包进行观察。能就冷热包的工作原理做出怎样的推断和观察？他们有什么问题？

3. 提醒学生注意驱动问题："如何利用化学反应来保持舒适感?"，让学生思考观察冷热包如何帮助他们解决这个问题。

4. 要求学生做下面各项任务。学生要全程观察。

（a）小项目 A。

（ⅰ）把 10 毫升水放在一个带封口的袋子里。

（ⅱ）将未封口的袋子倾斜一个角度，让水流入一角。拿着袋子，同时让一个同伴在对角处放一片泡腾片。尽可能多地排出空气，然后封上袋子。

（ⅲ）摇动袋子，让水和泡腾片混合。把袋子放在碗里或水槽里，以防袋子爆裂。

（ⅳ）摸一下药片附近的液体，看看温度有没有变化。

（b）小项目 B。

（ⅰ）把 25 毫升水放在一个带封口的袋子里。

（ⅱ）将未封口的袋子倾斜一个角度，让水流入一角。拿着袋子，同时让一个同伴在对角处放 10 克氯化钙。尽可能多地排出空气，然后封上袋子。

（ⅲ）摇动袋子，让水和氯化钙混合。把袋子放在碗里或水槽里，以防袋子爆裂。

（ⅳ）摸摸液体看温度有没有变化。

5. 让学生从宏观和微粒的角度用模型来描述每个袋子里发生了什么。这些模型与驱动问题有什么关系？

6. 学生对设计自己的冷热包有什么疑问？他们还需要什么信息？

7. 提前准备或者全班一起，选择对项目施加的限制条件。这些限制条件可以包括：包装必须是可重复使用的热包或冷包，需要美观，包内物质应该是环保的，需要限定成本，等等。

8. 学生要在科学笔记本上制定一个热包或冷包的初步计划。

（a）计划要包括热包或冷包的类型，如何制作，所需的材料，以及还需要的任何附加信息。

（b）这些计划要在余下的课程中加以完善，在单元结束时，完成热包或冷包的制造、测试和改进。

第 3 课：如何判断是否发生了化学反应？

本课是建立在第 2 课区分化学变化和物理变化的内容之上的。学生区分化学反应中的反应物和生成物，并思考在化学反应过程中它们在微粒层面分别发生了什么。学生还要建立化学反应中原子重新排列的模型，为学习质量守恒定律打下基础。

引入

1. 复习化学变化和物理变化。介绍反应物和生成物这两个术语。在化学变化（或化学反应）中，反应物中的原子重新排列形成生成物。由于原子不可见，学生需要回答如何才能判断发生了化学变化。

2. 演示醋和小苏打之间的反应。使用一个量杯或小杯子，加上足量的反应物，让生成物能从杯口冒泡出来。

（a）要求学生观察反应物、反应过程和生成物。他们看到了什么？

（b）学生要注意固体和液体结合形成气体。另外，容器底部很可能还有一些固体和液体。

（c）询问学生如何判断是否发生了化学反应。

3. 让学生在讨论反应物时，看看醋和小苏打反应的化学方程式。

$$HC_2H_3O_2+NaHCO_3 \longrightarrow H_2O+CO_2+NaC_2H_3O_2$$

醋酸（醋）+碳酸氢钠（小苏打）——→水+二氧化碳+醋酸钠

（a）提问学生有关醋的问题：

（ⅰ）醋酸与水混合成醋。醋通常是 5％ 的醋酸和 95％ 的水。当反应物在溶液中时，水通常不被列为反应物。

（ⅱ）醋酸分子是由哪些原子组成的？

（ⅲ）方程式里的小数字是什么意思？

（ⅳ）你认为每个醋酸分子都是这个公式吗？为什么？

（b）提问学生有关小苏打的问题：

（ⅰ）小苏打是碳酸氢钠。

（ⅱ）碳氢钠是由什么原子组成的？

（ⅲ）碳酸氢钠分子中有多少种原子？

（c）方程式左边的每一种原子（反应物）是否也在方程右边（生成物）？比较两边的原子数量如何？

探索

1. 再次演示醋—小苏打的反应，这次在混合物中加入一些肥皂。将 10 毫升醋倒入小杯中，加入一滴洗碗液。轻轻摇转混合。在一个 50 毫升的量杯里加 1/2 茶匙小苏打，将量杯放在平底锅里，以防溢出。把杯子里的醋和洗碗液倒进量杯里。让学生进行观察。

2. 让学生回答如何才能改变产生的泡沫量，使泡沫上升到量杯的顶部而不溢出。

（a）学生可能会提到一些变量，比如改变醋的量，改变小苏打的量，改变洗碗液的量，改变反应物的温度，或者改变反应物加入量杯的顺序。

（b）注意：在这个演示中，洗碗液不是反应物，而是产生气体量的指示剂。

（c）注意：在加入醋之前，先把小苏打加入量杯里，这样可以更好地混合。

3. 激发学生展开研究：如何使泡沫上升到量杯顶部而不溢出。提醒他们你用了 10 毫升醋，1/2 茶匙小苏打，和一滴洗碗液，这些量会导致泡沫溢出。

（a）学生要全程观察实验。

（b）需要提醒一些学生在不同试验之间冲洗量杯，每次以相同的方式添加反应物，或者仔细地记录量。

（c）当学生得出他们认为效果最好的结果时，他们要从宏观和微粒两个层面解释观察到的现象。让学生思考在数据中是否看到了什么规律。例如，在所用反应物的比率方面有什么线索吗？

解释

1. 为什么调整小苏打或醋的用量会影响产生的泡沫量？在微粒层面上发生了什么？

2. 需要做什么才能产生更多的二氧化碳？

3. 能不能继续在同样数量的醋中加入越来越多的小苏打来获得更多的二氧化碳？为什么能或者为什么不能？

4. 在化学反应中是产生了原子还是破坏了原子？如何得知？

详述

1. 让学生建立一个模型，展示在以下每一个化学反应中，反应物的原子被重新排列形成生成物。如果没有足够多的反应物来形成生成物，就再添加反应物分子。如果还有反应物分子残留，就用它来制造更多的生成物。来回添加分子，直到反应物中所有原子都被用完没有剩余。记录每个反应物分子的使用量。

（a）小苏打和醋（见图 6.1）。

（b）盐酸和氢氧化钠（见图 6.2）。

（c）甲烷和氧气（见图 6.3）。

（d）硫酸镁和碳酸钠（见图 6.4）。

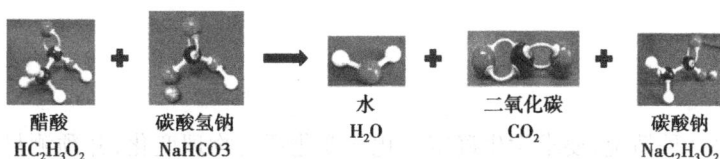

图 6.1 小苏打和醋的反应

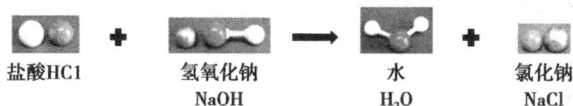

图 6.2 盐酸与氢氧化钠的反应

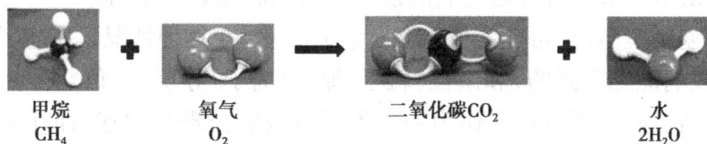

图 6.3 甲烷与氧气的反应

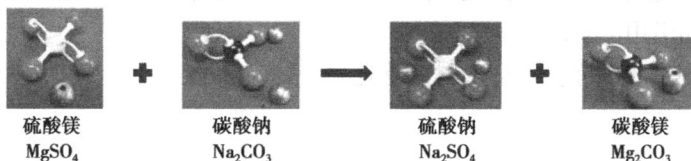

图 6.4 硫酸镁与钠的反应

2.用反应物分子的数量和生成物分子的数量作为系数,写出平衡方程式。计算方程式两边每种原子的个数。

（a）每次化学变化中反应物的反应比例是多少？

（b）每次化学变化中生成物的构成比例是多少？

第 4 课:质量发生了什么?

在第 4 课中,学生继续研究化学反应中质量的变化。他们要预测并确认在化学反应中质量是否会改变。学生还要就化学反应前、过程中和反应后的物质建立模型,包括宏观视角和微粒视角。学生还要思考这两种视角之间的关系。第 4 课针对的是预期表现 PE MS-PS1-5(制作并使用模型描述原子总数在化学反应中保持不变,因此质量是守恒的)。重点是将宏观视角(即可以测量或观察的东西,如质量)和微粒视角(即只能建模的原子、分子、离子等层面)关联起来,这有助于学生建立化学反应中保持原子数量不变和质量守恒之间的关联。

引入

1. 就下面每一种情况,要求学生确定是化学变化还是物理变化,并预测材料质量将发生什么变化:增加、减少还是保持不变。在每次演示前和演示后,务必称重并记录质量。

(a)把一张纸撕成八片。

(b)将泡腾片放入一杯水中。

(c)融化一个冰块。

(d)在火上烤一块棉花糖。

2. 提问学生演示结果是否符合他们的预测。问他们答案的原因。

3. 要求学生创建模型(很可能需要绘制图表)来展示在每种情况下发生了什么。模型一定要包括宏观(我们能感觉到的)和微粒(粒子/原子/离子/分子)视角。

4. 分享这句话:"我们可以以把它作为一个不可辩驳的公理来阐述,即在所有的艺术和自然的运作中,没有任何东西是被创造出来的;在实验之前和之后存在着同样数量的物质。开展化学实验的全部艺术都基于这个原则。"[安托万·拉瓦锡(Antoine Lavoisier),1789 年。]

(a)讨论这句引用的意思。

(b)这句引用是质量守恒定律的早期陈述之一。

探索

1. 在听了或读了这句话之后,问学生是否认为应该改变在第一部分中的预测。

2. 让学生重温他们画的模型,如果需要就进行修改。学生需要修改或创建新的模型,但不要删除初始模型。

3. 根据拉瓦锡的这句话(以及质量守恒定律),我们知道质量在化学变化或物理变化前后应该是相同的。为什么第一部分中有些质量会改变? 有什么不同的办法可以使质量不改变呢?

4. 要求学生从下列选项中选择一个方案作为证实质量守恒定律的最佳方法。询问他们选择的理由。(在本课的最末列出了每个选项的步骤。)

(a)方案 A:一个烧杯里有小苏打。第二个烧杯里有醋。每个烧杯和装的物质分别称重。小苏打倒入装有醋的烧杯。反应结束后,再次称量两个烧杯和里面的物质。比较反应前后的质量。

(b)方案 B:一个塑料瓶里装有醋。一个试管里装有小苏打。两个容器和装的物质都要称重。把小苏打倒进塑料瓶里。反应结束后,再次称量塑料瓶、试管和里面的物质。比较反应前后的质量。

(c)方案 C:一个烧杯里有小苏打。第二个烧杯里有醋,这个烧杯上盖着一片观察玻璃。每只烧杯和所装的物质分别称重。把小苏打倒入装有醋的烧杯,然后用观察玻璃盖住。反应结束后,再次称量两个烧杯和里面的物质。比较反应前后的质量。

(d)方案 D:一个塑料瓶里有醋,瓶口有一个螺旋盖用一张薄纸小心地包着小苏打。两个容器和装的物质都要称重。塑料瓶侧放，不要把醋洒出来。包好的小苏打放进瓶子的颈部，不要碰到醋。把瓶盖小心地拧上。塑料瓶和里面的东西要仔细地称重。把塑料瓶倒过来，发生了反应。反应结束后，再次仔细称量塑料瓶和里面物质。比较前后的质量。

5. 让学生选择方案来试验，并回答下面的问题。提醒他们仔细地记录质量，按步骤操作。

（a）你能否证实质量守恒定律？为什么能或者为什么不能？

（b）你选的方案里醋和小苏打发生了什么变化？每一种物质里面的微粒呢？画一张图表来帮助你解释。

（c）换一个方案能否更好地证实质量守恒定律？为什么能或者为什么不能？

（d）**注意**：如果学生没有证实质量守恒定律，认为另一个方案会更好，让他们试验新的方案，只要时间允许。如果没有时间了，就让学生在全班讨论从每个方案中学到了什么，并就哪一个是最好的方案达成共识。

解释

1. 让学生与班上其他同学分享试验结果。

（a）讨论开放系统和封闭系统。

（b）辨别每个方案（A、B、C、D）是开放还是封闭系统。

2. 告诉学生醋和小苏打的反应方程式。

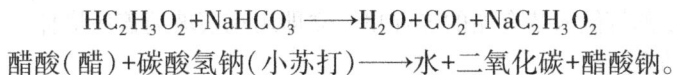

$$HC_2H_3O_2 + NaHCO_3 \longrightarrow H_2O + CO_2 + NaC_2H_3O_2$$

醋酸（醋）+碳酸氢钠（小苏打）——水+二氧化碳+醋酸钠。

3. 让学生画出发生的反应，包括宏观和微粒视角，现在要用具体的原子和分子。

详述

1. 让每个学生选择本课介绍中演示的一个物理变化或化学变化。

2. 让学生设计一个实验来证实质量在变化过程中是守恒的。

3. 让学生给家人写一封信来描述他们的实验，解释为什么以及如何证实质量守恒定律。

评估

1. 让学生和另一位同学交换写的信。

2. 让每个学生读同学的信，思考信中是否有足够的细节来理解实验，判断实验是否可行。让写信的同学解释原因，包括在需要的时候画宏观和微粒视角的图。

3. 让学生分享对同学信件的建议，并根据情况修改自己的信。

4. 学生与全班分享所学的知识。在化学变化或物理变化中，证实质量守恒的必要条件是什么？反应的宏观和微粒视角如何帮助我们理解在反应或状态变化中发生的现象？

步骤

方案 A：

1. 量出 5 毫升醋倒入一个烧杯，称出 1.5 克小苏打倒进另一个烧杯。

2. 称量每个烧杯（和里面的物质）。记录质量。

3. 小心地把小苏打倒入装有醋的烧杯里。

4. 观察反应的发生。

5. 再次称量每个烧杯（和里面的物质）。记录质量。

方案 B：

1. 量出 5 毫升醋倒入空塑料瓶中，称出 1.5 克小苏打放进试管中。

2. 称量塑料瓶（和里面的物质）。称量试管和里面物质。记录质量。

3. 小心地把小苏打倒入装有醋的塑料瓶里。

4. 观察反应的发生。

5. 称量塑料瓶（和里面的物质）。称量试管。记录质量。

方案 C：

1. 量出 5 毫升醋倒入一个烧杯，称出 1.5 克小苏打倒进另一个烧杯。

2. 在盛有醋的烧杯上盖上一片观察玻璃。

3. 称量每个烧杯（包括里面的物质和观察玻璃）。记录质量。

4. 小心地把小苏打倒入装有醋的烧杯里。立即用观察玻璃盖住烧杯。

5. 观察反应的发生。

6. 再次称量每个烧杯（包括里面的物质和观察玻璃）。记录质量。

方案 D：

1. 量出 5 毫升醋倒入空塑料瓶中，称出 1.5 克小苏打放进试管中。

2. 小心地把小苏打倒在一张无尘纸上。把纸卷成卷饼一样。需要的话让老师来帮忙。

3. 称量塑料瓶（以及里面的物质和瓶盖）。称量纸和里面卷着的物质。记录质量。

4. 小心地把塑料瓶倒下侧放，不要让醋流出来。把纸卷放进瓶子的颈部，小心不要让它碰到醋。小心地拧上瓶盖。

5. 称一下塑料瓶和里面的物质。记录质量。

6. 把塑料瓶倒过来，让纸卷（和小苏打）和醋混合。你可以摇动塑料瓶帮助它们混合。

7. 观察反应的发生。

8. 称量塑料瓶（和里面的物质）。记录质量。

第 5 课：如何知道分子的质量？

本课继续将宏观与微粒层面联系起来，介绍原子以恒定比率结合的概念。学生要创建一个周期表，用来关联原子和分子的质量。这一课还要介绍定比例定律，学生可以用适合所在年级水平的比率和比例的数学知识来观察理解原子以恒定比率结合形成分子。

　　这一课强化了分子的质量和该分子中原子数量之间的关联,并基于同年级水平比率和比例推理的数学内容,说明了比例不变的规律。化学物质以恒定的比例反应生成分子。在调整化学反应中使用的物质数量时,需要考虑这些比例关系。

一些化学词汇

　　物质是任何有质量并占据空间的东西。你能举三个物质的例子吗? 物质是由小到肉眼看不见的微粒组成的。这些微粒可以是原子或分子。

　　原子是元素的最小单位。它们可以单独存在,也可以与其他原子结合。

　　当两个或更多的原子结合在一起时,我们称之为分子。

　　一个元素是只有一种原子的纯物质。元素可以是原子或分子,但只能有一种原子。元素的例子有氖和氧。氖通常以单个原子的形式存在,而氧通常是两个氧原子结合在一起的分子。

　　化合物是包含两种或两种以上不同元素的分子。化合物具有不同于其单个元素的属性。例如,钠是一种灰色金属,与空气接触时会燃烧,而氯是一种绿色有毒气体。当氯化钠混合成一种化合物时,它就是食盐——就是你加进食物里的东西!

　　混合物是两种或两种以上纯物质的混合,可以通过物理方法分离。一个例子就是盐水。如果我们把盐水烧开,水就会蒸发,剩下的就是盐。

元素周期表

　　关于元素周期表如何排列有很多不同的想法。最普遍的一种是由德米特里·门捷列夫(Dmitri Mendeleev)创造的。他对元素进行了排列,使列和行中的元素具有相似的属性。他甚至留下了空白,预测了我们还不知道的新元素将填补空白!

　　元素周期表的不同版本包含不同的信息。周期表上的每个框显示一个元素的信息。通常至少可以找到元素的名称、符号、元素的数量和元素的平均原子质量。

　　我们阅读周期表,用质量表示一个原子或一摩尔。一摩尔是表示一簇原子的术语,准确值为 6.02×10^{23}。这就好比说你有一打鸡蛋,只不过一摩尔是一个更大的数字。

　　现在你有一套塑料积木装在一个袋子里,请小心地把积木倒出来,按颜色分类。在这个活动里,每一块积木代表一个原子。我们也可以把原子结合成分子。首先,需要完成周期表。

　　找出每一种类型积木的平均质量并填进周期表。

示例

　　你有七块红色积木。把所有的红色积木放在一起称,将质量记录下来。

　　要得出红色积木的平均质量,需要将总质量除以块数。

在你的周期表上填写一块红色积木的平均质量。然后重复这个过程，得出其他颜色的每一块积木的平均质量，直到周期表被填满为止。

1个 红色 R	2个 白色 W	3个 灰色 G	4个 黄色 Y
5个 黑色 B	6个 蓝色 L		7个 绿色 N

用原子制造分子

原子按照一定的规则结合形成分子。规则之一就是每种原子都有一定数量的键，它在我们的原子积木上是由每个积木顶部的凸点数量来表示的。红色原子形成一个键。白色原子和黑色原子各形成两个键。黄色和蓝色原子各自形成四个键。灰色原子形成三个键。绿色原子形成八个键。另一个规则是：当分子形成分子时，它们不能留下任何未形成键的凸点——它们要形成尽可能多的键。这意味着原子总是以恒定的比率结合。例如，我们总会发现两个红色原子和一个白色原子结合在一起。

在写分子式时，我们写原子符号，用下标表示分子中有多少个这一原子。通常不写下标1。以下是原子的一些例子：

分子式	解释
YW_2	1 黄，2 白
BWL	1 黑，1 白，1 蓝
Y_2N	2 黄，1 绿

在 YW_2 中，白色积木与黄色积木的比率是多少？根据规则，这些积木可以按另一个比率组合吗？为什么能？或者为什么不能？

在 LR_4 中，蓝色积木和红色积木的比率是多少？根据规则，这些积木可以按另一个比率组合吗？为什么能？或者为什么不能？

在 L_3G_4 中，灰色积木和蓝色积木的比率是多少？根据规则，这些积木可以按另一个比率组合吗？为什么能？或者为什么不能？

写出一个新的分子式，用你的这套积木搭出来：

和一位同伴交换分子式，找出同伴分子式中要用的积木。写下分子式和解释。

现在搭建同伴的分子。同伴的分子式适合用你的积木搭吗？

写出可以构成另一个分子的原子。一定要按规则写。

和一位同伴交换原子清单。写出同伴的分子式。搭建同伴的分子。同伴的分子适合用你的积木搭吗？同伴有没有按规则写？

和同伴一起再写出几个可以用你们积木搭建的分子式。如果需要的话搭建分子来检查是否写正确了。看看你们能找到多少不同的积木组合。在你们的分子中看到了什么样的比率规律？

分子质量

有时科学家需要知道分子的质量。要知道分子的质量，就需要将分子中每个原子的质量相加。由于我们看不到单个分子，也不能把单个分子来称重，所以就要使用周期表中的平均质量。从我们的周期表来看，一个简单的分子可以是 WB。这意味着我们的分子中有一个白色原子和一个黑色原子。为了得到它的质量，我们把一个白色原子的质量和一个黑色原子的质量相加。再比如 R_2W，它有两个红色原子和一个白色原子。为了得到这个分子的质量，我们把两个红色原子的质量加上一个白色原子的质量。

现在来计算这个分子的质量：Y_2N。

现在搭建出这个分子，用天平来称重。记录下质量。

你称的结果和你计算的结果相符吗？为什么相符或者为什么不相符？

计算并检查你在前一个活动中写的三个分子式的分子质量。计算结果与称量结果相符吗？为什么相符或者为什么不相符？

第 6 课：为什么烧杯的温度会变？

本课向学生介绍的概念是：一些化学反应以热的形式释放能量，而另一些化学反应则需要补充能量。学生继续探索反应中产生或需要热量的影响因素。本课程与 MS-PS1-6 相关。为了设计和测试自己的热包或冷包，学生需要知道一些反应会释放能量，而另一些反应则需要能量——这种能量变化也与驱动问题有关，驱动问题要求学生利用化学反应来保持舒适感。

引入

1. 给学生看一段关于铝热剂的视频。这是锈和铝的反应，导致温度急剧升高。
2. 提问学生是否认为化学物质也能使温度降低。
3. 给学生看一个吸热反应视频，比如用氢氧化钡和硫氰酸铵将烧杯冷冻在一块木头上。
4. 让学生解释烧杯为什么粘在木头上。

注意：这两种反应都有危险，不应该在初中课堂上演示。

探索

1. 让学生测量小苏打和醋反应(反应1)的温度变化。

(a)提问学生：温度是升高、降低还是保持不变？

(b)你们小组反应达到的最低温度是多少？

2. 给学生讲解当化学反应的温度降低时，该反应被称为吸热反应。

3. 让学生测量小苏打溶液与氯化钙反应(反应2)的温度变化。

(a)提问学生：温度是升高、降低还是保持不变？

(b)你们小组反应达到的最高温度是多少？

4. 给学生讲解当化学反应的温度升高时，该反应称为放热反应。

解释

1. 给学生展示小苏打和醋的反应图(图6.5)。

(a)这是吸热反应还是放热反应？

(b)与生成物形成时释放的能量相比，你对破坏反应物键需要的能量知道多少？

2. 向学生展示氯化钙与小苏打的反应图(图6.6)。

(a)这是吸热反应还是放热反应？

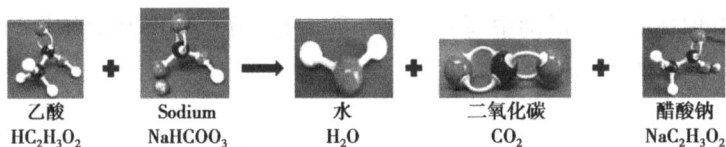

乙酸 $HC_2H_3O_2$ + Sodium $NaHCOO_3$ → 水 H_2O + 二氧化碳 CO_2 + 醋酸钠 $NaC_2H_3O_2$

图6.5 小苏打和醋的反应

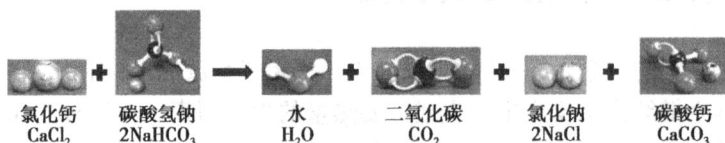

氯化钙 $CaCl_2$ + 碳酸氢钠 $2NaHCO_3$ → 水 H_2O + 二氧化碳 CO_2 + 氯化钠 $2NaCl$ + 碳酸钙 $CaCO_3$

图6.6 小苏打与氯化钙的反应

(b)与生成物形成时释放的能量相比，你对破坏反应物键需要的能量知道多少？

3. 提醒学生化学反应涉及到反应物中键的断裂和生成物中键的形成。还要提醒他们，断键需要能量，而能量是在键形成时释放出来的。

4. 讲解在吸热反应中，破坏反应物的键需要的能量比形成生成物的键释放的能量更多。在吸热反应中，温度会下降。

详述

1. 学生调查不同化学反应引起的温度变化范围。全程进行观察，记录初始和最终温度以及每种化学品的用量。

（a）反应：

（ⅰ）小苏打和氯化钙。

（ⅱ）过氧化氢和酵母。

（ⅲ）小苏打和醋。

（ⅳ）硫酸镁和水。

（ⅴ）氯化钾和水。

（b）哪种化学反应最适合做热包？有什么证据？

（c）哪种化学反应最适合做冷包？有什么证据？

2. 学生研究化学反应过程中混合化学物质的量对反应的影响。

（a）从之前的研究中选择一个反应。

（b）改变反应中使用的每种反应物的量。使用整数比。

（c）再次记录观察结果，初始温度和最终温度，以及每种化学品的用量。

（d）哪种反应物比率导致的温度变化最大？温度变化是多少？

（e）哪种反应物比率导致的温度变化最小？温度变化是多少？

（f）哪种反应物比率会产生最佳效果的热包或冷包？

评估

选择以下项目之一：

（a）运用所学知识，用工程方法来设计、构造、测试和改进一个使用化学能来加热或冷却的设备。这个设备要基于学生的一个子项目。

（b）逆向工程（即反向分析）一种利用化学能来保持温暖或凉爽的商用产品。

反应1：

● 一杯醋（约10毫升）。

● 一杯小苏打（约1/2茶匙）。

● 温度计

1. 把温度计放在醋里。读取温度计并记录温度。

2. 温度计在杯子里时，把另一个杯子里的小苏打全加进去。

3. 观察温度计的温度变化。记录停止变化后的温度。

反应2：

● 将2茶匙左右的小苏打溶于1杯水中，制成小苏打溶液。搅拌至小苏打全部溶解。

● 给每组学生一个小塑料杯，杯中放入约10毫升小苏打溶液。

● 给每组学生一个小杯，杯中放入大约1/2茶匙氯化钙。

1. 把温度计放在小苏打溶液里。读取温度计，并记录温度。

2. 温度计在杯子里时，加入另一个杯子里的氯化钙。

3. 观察温度计的温度变化。记录停止变化后的温度。

CREATES 工程设计项目：制作热包或冷包

学生设计了最初的热包或冷包后，教师应评估是否需要 CREATES 计划课程之外的附加课程。提醒学生项目实施的限制条件。这些限制条件可能包括：必须是可重复使用的热包或冷包，需要美观，包内物质应该是环保的，热包/冷包需要控制在一定的成本之内，等等。

鼓励学生"公开地"展示自己的项目，包括设计的论证以及工作方式和原理。

CREATES 单元项目：研究如何利用化学反应来保持舒适感

第二个项目使得 CREATES 成为基于项目的单元。学生需要重温驱动问题"如何利用化学反应来保持舒适感"，然后集思广益，想出一些可以使用化学物来保持舒适感的方法。学生随后要为自己的项目创建一个子驱动问题，在这个问题中，他们要调查、分析并提出其他可以通过化学反应来保持舒适感的方法。根据本单元中第二个项目开始的时间，学生可以将子驱动问题建立在基准课程、里程碑、工程设计项目或与自己选择的驱动问题相关主题上。由教师来决定学生在选择问题主题上需要多少引导，最终产品或作品的形式方面有什么限制。重要的一点是要记住：项目应该尽可能多地由学生主导，而不是像第一个项目让学生都以类似的方式解决同一个问题。

参考文献

Ahtee, M., & Varjola, I. (1998). Students' understanding of chemical reaction. *International Journal of Science Education*, 20(3), 305-316.

Bodner, G. M., & Guay, R. B. (1997). The Purdue visualization of rotations test. *The Chemical Educator*, 2(4), 1-17.

Bunce, D. M., & Gabel, D. (2002). Differential effects on the achievement of males and females of teaching the particulate nature of chemistry. *Journal of Research in Science Teaching*, 39(10), 911-927.

Cole, M., Wilhelm, J., Fish, H., & Fish, C. (2018). Middle school students' spatial thinking and understanding of the conservation of matter. *Paper presented at the Annual Meeting of the National Association for Research in Science Teaching*, NARST - Atlanta, GA, March, 2018.

Cole, M. L. (2017). *Spatial reasoning and understanding the particulate nature of matter: A mid-dle school perspective* (Doctoral Dissertation). Theses and Dissertations-Education Science.

De Antonis, K. (2010) Fire.

Gabel, D. (1993). Use of the particle nature of matter in developing conceptual understanding. *Journal of Chemical Education*, 70, 193-197.

Gabel, D. (1999). Improving teaching and learning through chemistry education research: A look to the future. *Journal of Chemical Education*, 76(4), 548-554.

Gabel, D. (2005). Enhancing students' conceptual understanding of chemistry through integrat-ing the macroscopic, particle, and symbolic representations of matter. In N. J. Pienta, M. M. Cooper, & T. J. Greenbowe (Eds.), *Chemists' guide to effective teaching* (pp. 77-88). Upper

Saddle River, NJ: Pearson Prentice Hall.

Haines, G. K. (2009). Chocolate: The New Health Food. Or is it?

Hesse, J. J., & Anderson, C. W. (1992). Students' conceptions of chemical change. *Journal of Research in Science Teaching*, 29, 277-299.

Johnstone, A. H. (1991). Why is science difficult to learn? Things are seldom what they seem. *Journal of Computer Assisted Learning*, 7(2), 75-83.

Lavoisier, A. (1789). *Elements of chemistry, in a new systematic order, containing all the modern discoveries.* (Robert Kerr, Trans.).

Lee, O., Eichinger, D. C., Anderson, C. W., Berkheimer, G. D., & Blakeslee, T. D. (1993). Changing middle school students' conceptions of matter and molecules. *Journal of Research in Science Teaching*, 30(3), 249-270.

Margel, H., Eylon, B., & Scherz, Z. (2008). A longitudinal study of junior high school students' conceptions of the structure of materials. *Journal of Research in Science Teaching*, 45, 132-152. Monash, J. K. (2014). Ingredients of a Banana[Digital image].

Nakhleh, M. B., & Samarapungavan, A. (1999). Elementary school children's beliefs about matter. *Journal of Research in Science Teaching*, 36(7), 777-805.

Nakhleh, M. B., Samarapungavan, A., & Saglam, Y. (2005). Middle school students' beliefs about matter. *Journal of Research in Science Teaching*, 42(5), 581-612.

NGSS Lead States. (2013). *Next generation science standards: For states, by states.* Washington, DC: The National Academies Press.

Nyachwaya, J. M., Mohamed, A. R., Roehrig, G. H., Wood, N. B., Kern, A. L., & Schneider,

J. L. (2011). The development of an open-ended drawing tool: An alternative diagnostic tool for assessing students' understanding of the particulate nature of matter. *Chemistry Education Research and Practice*, 12(2), 121-132.

Perkins, S. 2015. 'Smart' windows could save energy.

Polman, J. L. (2000). *Designing project-based science: Connecting learners through guided inquiry. Ways of knowing in science series.* Teachers College Press, PO Box 20, Williston, VT 05495 (paperbound: ISBN-0-8077-3912-X, $ 23.95; hardbound: ISBN-0-8077-3913-8, $ 50).

Pyke, C., & Ochsendorf, R. (2004). Conservation of matter assessment manual. *Unpublished man-uscript*, The George Washington University.

Rohrig, B. (2011) Demystifying gross stuff.

Smith, C. L., Wiser, M., Anderson, C. W., & Krajcik, J. (2006). Implications of research on chil-dren's learning for standards and assessment: A proposed learning progression for matter and the atomic-molecular theory. Measurement: Interdisciplinary Research & Perspective, 4(1-2), 1-98.

Tinnesand, M. (2014) It's not easy being green… Or is it?

Treagust, D. F., & Chittleborough, G. (2001). Chemistry: A matter of understanding representa-tions. In J. Brophy（Ed. ），*Subject-specific instructional methods and activities* （Vol. 8，pp. 239-267）. New York，NY：JAI Press.

Washam，C.（2010）Plastics go green.

Wright，T.（2003）. Images of atoms. *Australian Science Teachers' Journal*，49（1），18-24.

Yezierski，E. J.（2003）. *The particulate nature of matter and conceptual change：A cross-age study.*

（Doctoral Dissertation）. Arizona State University. Dissertation Abstracts International，Vol. 64-03，Section：A，p. 848.

Zielinski，S. 2015. Algal poison can harm sea lion memory.

第三部分
教师实施的策略、克服的障碍，
以及学生学习的收获

第 七 章

教师的声音

最大的障碍可能是知道从哪里开始。教师常常觉得每一件事都必须立刻就是 PBI,而且必须是完美的。有这种思维方式的教师就更容易维持一直教授的课程不变,因为设计这些 PBI 单元很困难。我认为帮助教师看到学生学习的最终结果,至少会让教师对 PBI 产生一些认同感,但并不能改变很多教师的想法:我永远也做不到,或者我永远也做不到那么好,所以我不会去做。

尝试 PBI 后的科学教师

最初我们向几个中学教师介绍了基于项目的单元,并在第一次实施项目单元时为他们提供了针对这些单元的适时的职业发展指导。在撰写并获得 SAAS 项目[①]的经费后,我们有机会在两年内每年向 30 名教师介绍基于项目的教学(PBI)。在为期一周的暑期研讨会上,我们向老师们介绍了如何实施基于项目的教学(PBI),以及为什么基于项目的教学会对他们的课堂有益。老师们每年夏天都会以学习者的身份体验其中一个单元。在整个学年,我们每月开会,继续讨论 PBI,为教师设计和实施第一个 PBI 单元提供支持。虽然有些教师最初有挫败感,但我们希望老师们能理解为什么项目教学能给课堂带来益处以及如何给课堂带来益处,而不是在没有介绍任何背景的情况下给他们"十个简单的 PBI 步骤"。值得一提的是,参与项目的几位教师要么与本书的一位作者一起参加了项目教学的研究生课程,要么参加了一些早期具体单元的职业发展指导。

本章包括教师自身的思考和评价。我们请参加项目研讨会(简称 SAAS 项目)的教师反思他们的经验。我们对内容进行了编辑以使表达清晰,并做了匿名处理,除此以外,均为教师原话。

较长的段落标注了教师编号和所教年级。较短的引用(例如出现在列表中的引用)则保持匿名。

---

① 设计基于数学和科学项目的环境:跨越天文和原子空间(SAAS 项目),由肯塔基州高等教育委员会提高教育者质量 13 年计划资助。

什么是基于项目的教学?

我们的老师和其他老师一样,第一次开始在课堂上实施 PBI 时,对 PBI 是什么会有各种各样的想法。就像第二章讨论过的那样,虽然项目是 PBI 的一部分,但对于一个高质量的基于项目的单元来说,其他部分也是必不可少的。其中一位教师很好地描述了这种常见的误解:

在加入 SAAS 项目之前,我以为 PBI 是一个单元,最后有一个项目。在我看来,我一直在做 PBI。错!在 SAAS 项目开始时,我理解了 PBI 的真正含义。这有助于了解 PBI 的组成部分,然后了解这些组成部分如何统一为一个单元。理解组成部分的分解后,又参与了一个[研究人员]设计的单元,这样就更容易去尝试去设计我自己的单元。(教师1,六年级。)

在职业发展之前教师被问及他们认为项目教学的必不可少的组成部分是什么,以下列表挑选了教师分享的各类组成部分:

- 吸引人的主题/项目,与孩子相关,以及项目结构。
- (1)好的驱动问题;(2)现实世界里的应用;(3)学生的声音;(4)课堂管理;(5)时间管理。
- 真实的项目,合格的教师和设施,学生可获得必要的材料。
- 教师关于如何开展项目的知识,对教师的支持(资源,知识),愿意参与的学生,时间,以及来自管理人员和同事的支持。
- 要有一个有效的基于项目的环境,学生需要了解有允许失败的空间,学生需要了解如何作为一个小组工作,并有完成任务的最后期限。
- 以学生为中心的指导,帮助学生直到完成最终作品。

在接受职业发展指导后,教师的观念发生了一些变化。他们开始更一致地认为需要驱动问题,但也列出了项目教学的其他必要部分。

- 一个好的驱动问题是必不可少的。教师需要设计一个课堂环境,允许学生做不同的事情,使用技术,教师需要了解常见的错误概念来指导基准课程。
- 经常跟进学生,了解学生是否朝着正确的方向前进。形成性评估和终结性评估可能与传统课堂不同。
- 单元应该有一个总体的驱动问题,可以涵盖学生所有的项目问题。单元有几个基准课程,复习完成项目所需的内容和技能,以及课程标准所要求的内容和技能。学生应该在整个单元中有工作时间或头脑风暴时间,将来自基准课程的材料与学生提出的项目子驱动问题联系起来。

●一个驱动问题，学生的子驱动问题，基准课程，里程碑，和一个最终的项目。此外，提供教师培训、材料/用品、学习资源，耐心和幽默感也很有帮助。

基于项目的课堂的成本和收获

在课堂上实施 PBI 后，老师们思考了这类教学的收获和成本。虽然他们都提到材料成本，但是基于项目的单元的材料成本是否高于传统课堂的材料成本，这在教师中存在很大意见分歧，部分原因在于所用项目的类型。一些老师也选择让学生带上自己的材料，他们认为，相比尽力满足学生正在进行的各种项目的需要，让学生带上自己需要的东西更容易。

另一个被提及的成本是时间。老师们提到了计划 PBI 的时间，以及在课堂上实施 PBI 的时间，包括允许学生将自己的问题作为项目继续探讨的时间。老师们特别讨论了创建好的基准课程、提出好的驱动问题和恰当地支撑学生学习所需的时间。然而，一位教师指出，"基于项目的学习确实需要更多的时间，但我认为这样做的好处是，在这类课程中学生的学习与他们个人情境联系更为深入。"其他教师也同意这一观点，称学生对内容的理解更为深入，"他们面临的挑战是，要从更深层次去思考，真正使用更高层次的思考技能，而不是仅仅接收信息。我真的很喜欢让学生收集数据，形成自己的结论。"一位教师认为，与 NGSS 的关联是一个真正的收获，而且"学生更加投入，学生的选择更多，错误概念仍可能得到解决，甚至可能会因为需要解决而更充分地显现或暴露出来。"

其中一位教师对实施 PBI 的成本也发表了类似的看法，他说："时间是一种制约因素。我们有时会牺牲项目的深度来适应本学区的教学时间表。材料真的可以积少成多。"她接着强调了 PBI 的一个重要收获，"好处是学生回家谈论他们的作业。他们积极参与并投入自己的项目中。"这种参与和分享课堂上所学的愿望是 PBI 的巨大收获。通常，在传统课堂上不太成功的学生在基于项目的课堂上会更加投入，表现更好，这些学生可以在单元驱动问题的范畴内探索自己感兴趣的问题。

和以前相比，这些学生在这种不同类型的学习环境中也接触到更多的自我导向学习。通常在传统课堂上表现较好的学生，在基于项目的课堂上一开始可能会有些吃力，因为学习重点不在正确答案上，也不像他们习惯的那样填写工作表或完成纸笔测验。这并不是说传统的高分学生在基于项目的课堂上不会出类拔萃。相反，一旦他们适应了必须要批判性思考，专注于探究自己设计的问题的学习，他们会和在传统课堂上学得一样好。

课堂实施的惊喜

我们让教师分享他们第一次在课堂上实施 PBI 的惊喜。许多教师提到了他们没有预料到的成本或收获，或者提到了学生、家长或管理人员看到 PBI 实施时不同的反应。也有多位教师感到惊讶，那些平时在课堂上表现优异、擅长记忆内容和寻找答案的学生，却在解决问题的过程中苦苦挣扎。以下各段均由不同的教师撰写：

做 PBI 让我吃惊的是一些学生和家长变得非常沮丧。有些学生想要被动地接受信息，但我不给他们正确的答案，他们会很沮丧。经过一学年，这些学生越来越擅长于分析数据、应用信息和得出答案。另外，有一位家长不理解如何将最终项目视为评估。她很难理解还有其他方法可以评估学生的知识，她不想了解评估标准和整体问题，只想看到选择题和总分。这些与她的教育经历大不相同，她看不到 PBI 的价值。（教师 2，六年级。）

我在课堂上使用 PBI 时，最令人惊喜的事情是学生对课程拥有的自主权。学生常常提醒自己单元的总体问题，他们对最后的项目兴致勃勃。他们利用基准课程中的信息、文献和技能提出研究问题。他们为能找到自己调查问题的答案而兴奋不已。我们过去教科学的方式是达到所有的标准，并把标准与有趣的实验室和活动联系起来。PBI 方法也是如此，但它提供了一个我不知道自己有能力达到的深入理解和逻辑发展的高度。实施 PBI 课程使该单元紧密结合在一起；所有课程都反映并加强了对以学生为中心的总体问题的理解。基准课程和嵌入式评估提供了多种机会用于形成性评估、重新教授、培养技能、扩展内容。相比之下，过去单元的课程脱节，虽然涵盖了内容，但缺乏内在关联，这会影响学生的认同感，进而影响学生的理解。（教师 3，七年级。）

我想最让我吃惊的是学生对于批判性思考毫无准备。他们甚至无法通过收集数据和做出陈述来找到问题的答案。相反，他们的本能是去谷歌搜索，让谷歌告诉他们答案。一些学生真的害怕陈述自己的想法，害怕不能从网上照抄。我很早就不得不缩减计划，以适应学生低浅的分析能力。（教师 4，八年级。）

令我惊讶的是，那些通常分数高的学生在课堂上真的很挣扎。这些学生非常习惯于记忆事实，他们从来没有真正思考过。一旦面对不得不思考的场景，他们就会因为害怕失败而放弃思考，变得非常沮丧。另一方面，看到那些在其他课堂里无所事事、苦苦挣扎的学生在 PBI 环境里取得成功，真是太酷了。这些学生有能力解决问题并创造性思考。那些苦于背诵事实的学生能够探索、学习、跳出框框思考，因为他们不怕失败。我发现很多以前的全优生家长发邮件要求面谈，因为他们不明白为什么孩子表现不像通常那样。当我有机会向他们解释在我的课堂上学生要解决问题和批判性思考，他们立刻明白了孩子为什么会挣扎。我向家长解释说，很可能是孩子没有批判性思考的经验。这对孩子来说是一种全新的思考和学习方式，他们一开始会挣扎。现在让他们在六年级开始的时候稍微努力一下，从长远来看他们会做得更好。（教师 1，六年级。）

最让我吃惊的是，学生是多么喜欢基于项目设计的单元的设计和设计内在的自由。学生以前从未体验过提出子驱动问题，一下子都来问我相关问题，学生提问正是因为他们感兴趣并且想知道答案。另一件有趣的事情是，我作为教师的角色真的从在课堂上提供信息转变为支持团队和指导顾问。最后，第一次实施我们设计的单元时，让我非常惊讶的事情发生了，我的尖子生比一些成绩差的学生更费力。名列前茅的孩子在后来的单元中表现得更好，但他们优秀的原因不同于基于项目的单元所追求的目标。最酷的事情是看到一些通常"不及格"的学生表现很好时的喜悦，之后他们就有动力尝试下一轮。换句话说，基于项目的单元挖掘出了不同学生的不同优势，我很确定我所有的学生都学到了一些东西，并且可以在以后某个时间用到他们真正学到的东西。（教师 8，六年级。）

推介基于项目的课堂理念

从教师所说的在课堂上实施 PBI 的惊喜中可以看出，家长、管理人员或其他教师经常对此有所抵触。人们常常认为，如果教学风格与自己所经历的大不相同，那么一定不是好的教学。我们请了一些 SAAS 项目的教师来分享他们是如何将基于项目的课堂理念推介给共同体中那些对这种理念可能不太确定的人。我们特别询问了这些教师的学生、学生家长、所在学校的管理人员和其他教师。同样，下面的每一段都代表了一位教师的想法，如何向学生、学生家长或学校管理人员*推介*PBI 理念。

学生

我的学生对 PBI 的认同主要涉及提出问题，以及他们的想法可能不是唯一"正确"的活动。许多学生认为他们的问题与课堂无关。试图让他们打开思路和提出问题是很有挑战性的。在此之前，关于他们试图寻找答案的问题是什么，许多学生一直是填鸭式被动接受的。许多人还被告知"如何"找到答案。在我的第一个 PBI 单元中，很多问题都是学生认为我想听到的。他们真的没有努力把任何东西和主驱动问题联系起来。随着时间的进展，学生发现我们实际上是在解决他们提出的问题，他们开始更多地参与提出问题，问题的范围更广，超出了常见的驱动问题的范围。最大的挑战来自我那些聪明的学生。涉及到项目和问题解决时，我发现这些学生因为想找到**一个**答案而受阻。他们通常对探索的主题有大量基于内容的知识，但这些内容知识并不总是能转化到我们正在进行的项目中。（教师 5，七年级。）

我在第一天就开始把这个想法*推介*给我的学生。我教的七年级学生在六年级的时候体验过 PBI，他们很高兴能继续这段旅程。他们对学习化学感到很兴奋，因为他们都想**把什么炸了**。我告诉他们我们要做的比这多得多：利用化学反应设计冷热包，设计弹射器并进行测试，利用磁铁通过障碍车道赛车，提出自己的问题并通过研究找到要分享的答案，还有更多。（教师 3，七年级。）

家长

我记不清是哪一次了，有位家长毫不客气地质疑我使用基于项目的教学法。我确实在课程大纲上加了一条基于项目教学法的介绍，试着超前了一点。虽然每年的教学大纲都会稍作调整，但总的来说，大纲包含这样一些描述语句："本门课程使用基于项目的教学法。基于项目的教学侧重于学生对材料的应用，并使学生在某一主题上挑战自己。对于不习惯这种教学方式的学生来说，特别是那些以前从未感到过困难的学生，基于项目的学习是非常困难的。我随时为学生提供帮助和指导，请直接打电话寻求帮助。"（教师 4，八年级。）

家长很容易被说服，因为他们总是在寻找新的、令人兴奋的方法来让孩子被学校吸引。在新学年开始向家长介绍信息时，我一定会提到我参加了 SAAS 项目，并简要描述基于项目的教学是什么样子的。这一年我确实收到了一些家长的反馈。大部分的反馈都是非常积极的,主要提到孩子回家后和他们谈论当天在学校做了什么,或者项目进展如何。要求学生带上物品到学校完成项目时,很多家长都表示支持。(教师5,七年级。)

我开始在"开放日"向家长介绍 PBI 理念。我用前一年学生的照片制作了幻灯片,这些学生坚持他们的项目,参与实验室工作,并收获了科学的乐趣。有几张幻灯片包含了 SAAS 项目和 PBI 的整体信息。学年开始时我的教学大纲上也有关于 PBI 的信息。我发现向家长推介 PBI 理念最好的办法就是让他们的孩子对此感到兴奋。(教师3,七年级。)

过去几年和我一起合作过的家长非常愿意接受这种教学。许多在传统教学中不成功的学生在基于项目的教学中更为成功。他们更成功,于是就把科学带回家,在餐桌上谈论科学。那些需要通过说服才接受项目教学的家长是因为他们的孩子通常都是高水平的学生,做起项目来可能感到困难。一旦你向家长介绍了基于项目的学习要求更严格、实际上是对学生的挑战,家长就会更容易接受。(教师6,八年级。)

管理人员

管理部门总是非常积极的。事实上,在这段时间里,我们进行了一次管理变更,但两个部门都非常乐于接受 PBI 理念。他们支持和信任我们部门,即使他们有任何疑问,也很容易说服他们相信这些好处。我们学校长期以来致力于深入学习,而 PBI 恰好提供了这一点。(教师4,八年级。)

我们学校的管理人员已经熟悉了我的教学风格。一旦我解释了 PBI 背后的计划和想法,就很容易让他们接受。(教师2,六年级。)

行动中的实践共同体

"实践共同体是一群对自己所做的事情有着共同关注或激情的人,他们定期互动,学习如何做得更好"(Wenger,1998,p.1)。这并不一定意味着学习是一个群体形成的原因。相反,学习可能是由于其他原因而形成的群体的无意结果。Wenger(1998)认为,共同体要成为一个实践共同体,三个组成部分必不可少:领域、共同体和实践。领域是指群体共同的兴趣所在。共同体是指群体中为共同目的而进行联合活动的成员。Wenger 指出,"拥有相同的工作或头衔并不会形成一个实践共同体,除非成员一起互动、学习"(1998,p.2)。值得注意的是,一个教师群体并不是一个实践共同体,除非教师一起互动、共同计划、共同学习。实践指的是需要创造"共享的资源库"或者共同的实践(Wenger,1998,p.2)。如果职业发展设计师想要创建一个教师实践共同体,而不是简单地培训教师,那么就需要注意为教师提供时间和机会,让他们围绕共同的目标进行合作,在此过程中学习并开发可以共享的资源集合。在我们为 SAAS 项目设计工作坊的过程中,教师有机会与本校的和跨学校、跨学区的同年级教师合作,也有机会与本校的和跨学校、跨学区的其他年级教师合作。科学老师和数学老师也有机会相互合作,分享看法,并根据需要创建跨学科课程或单元。PBI 单元在本质上可以非常综合,因为项目往往自然地包含来自不止一个学科的概念和工具。

Enyedy 和 Goldberg(2004)通过分析课堂的社会情境以及教师的话语和行为促进或妨碍学生课堂学习的方式,进一步细化了课堂实践共同体的分类。他们还研究了前测和后测,结果导致了班级之间的差异,并得出结论:即使教师实施了相同的课程,但教师通过调整课程大纲所培养的课堂环境这一社会情境影响了学生的学习。虽然这些教师中有很多人一起规划单元,但每个教师在课堂上调整和实施单元的方式各不相同。虽然我们没有调查教师设计单元的学习成果,但是我们看到了学生在不同教师课堂上的表现差异,这些教师都实施了第五章和第六章介绍的单元。

项目教学法教师共同体的反思

作为学校里唯一一个使用基于项目教学的老师,这会是一个挑战,因为可能没有其他老师和你探讨想法或一起规划。这也意味着,使用 PBI 的教师必须向学生介绍这种方法,因为学生可能过去没有接触过基于项目的课堂。以下小节中,一起实施了 PBI 的教师分享了他们的想法。在这所中学里,九名科学教师中有八名至少在一些单元里使用 PBI。每一位教师都接受了使用 PBI 的职业发展指导,并在设计和实施最初的项目单元时得到了专家的支持和指导。其中一些教师之前使用过第五章或第六章的一个单元,有一位教师从其中一位作者那里学习了 PBI 研究生课程,其他教师则是通过 SAAS 项目第一次学习 PBI。他们看到了挑战之外还有各种各样的成功,一个很大的好处是,高年级的老师知道学生已经体验过基于项目的科学课堂,因此对学生来说,这将不是一个全新的体验。一些教师还指出,重要的是能够在本校的同年级和不同年级间一起计划。虽然没有说出来,但这也表示赞成学校的科学教师建立实践共同体。一位来自不同学校的教师也指出:SAAS 项目提供了分享想法和工具的机会,他说:"这个职业发展指导最好的一点是能够与该学区的其他教师进行合作,建立联系。学校之间存在竞争氛围,而不是共享资源,这是很常见的。然而,通过 SAAS 项目,我们能够打破学区和州内的障碍,以确保学生的成功。听听其他教师在课堂上做了什么有助于促进 PBI 环境。"(教师 7,六年级。)

以下的段落由一所学校的教师提供,该校的大多数科学教师都参与了 SAAS 项目,目前至少在一些单元使用 PBI。我们对文本进行了编辑以使表达清晰,并做了匿名处理,除此以外,文本直接来自教师。

我觉得很幸运,能和一群很棒的老师一起工作,他们都在学习 PBI,共同设计 PBI 单元,共同实施。在新的方向上迈出第一步是困难的,但是我们一起分享我们的挑战和成功的故事,同时在 PBI 的道路上一步一步向前走。与学校的其他老师一起设计和实施 PBI 单元,使我们成为一个有凝聚力的团队。我们为彼此的工作提供反馈意见,就 NGSS 标准进行了跨年级的更深入的对话,对学生在初中阶段的学习一起有了更深入的了解。由于我们在 PBI 职业发展上共同投入的时间,我们能够凝聚成一个部门团队。(教师 3,七年级。)

基于项目的教学(PBI)并不难进入我们学校,因为我们九位科学老师中有八位参与了 SAAS 资助项目。六年级的老师很容易进入基于项目的环境,因为他们是第一个设计项目单元的。他们在部门会议上和我们分享了该单元的进展阶段,这使我们都能了解该单元的规划是如何围绕驱动问题展开的。其他教师开始参与该资助项目之前，我们已经知道了他们月球单元的驱动问题。当我们楼里的其他年级教师开始参与该资助项目并创建基于项目的环境时，看起来如此顺利的过渡给我们留下了深刻印象。课堂上有已经参加过 PBI 的学生，这有助于培养学生提出自己的驱动问题。全都开始实施时，我们注意到共同备课中我们的讨论更多地转向了基于项目的讨论。这也渗透到了我们部门的会议。我们能够把对共同评估、实验室开发、部门开支，以及希望学生取得什么进展的这些讨论对标基于项目的成果。（教师5,七年级。）

关于项目教学，我最喜欢的一点是，它让更多的学生有机会看到自己的成功和成长。学生不断开始新的挑战，有些挑战是由老师设定的，有些则是由学生自己创造的，学生提出子驱动问题或工程挑战。他们发现学习会让人走得很远，但除此之外还有很多事情要做。他们面临的挑战需要耐心、毅力、沟通和协作才能克服。我们科学系的文化是通过 PBI 来教授科学技能和生活技能。（教师3,七年级。）

就我个人而言，我看到学生对提问技巧的理解在提升，不需要像过去那样通过引导来得到答案。即使可能得到不同于其他同学的答案，学生也更乐于找到问题的答案。参加工程挑战赛时，小组里的学生比以前的学生发言更多，其中许多学生愿意在课堂上分享想法。科学实验室里总体上有一种舒适感。这与以前的课堂不同，以前的课堂上学生更倾向于"坐着接受"。学校的文化提倡提出问题和调查问题的答案，这使我的工作更轻松，也更愉快。我们真的有一个科学实验室，而不是一个做了一些实验的教室。学生通过调查正在培养着科学素养和语言能力。如果没有像我们这样的全校文化，我认为这不是很容易做到的。（教师5,七年级。）

我能带来的独特视角在于，我教了学生好几年，我从六年级跟到了八年级。我能从六年级到八年级的变化中看出学生的成长。尤其是，我有一个学生六年级的时候非常讨厌我们的月球项目单元，她开始公开抱怨宁愿在麦当劳打工，也不愿再上科学课。八年级回到我的课堂时，学年一开始她就对项目非常焦虑，开始问各种问题，并告诉我，我做完说明之后她才明白。虽然我没有注意到她在逐步改进，但最后一个单元的时候我完全震惊了，当时，她走到我的办公桌前，并没有说"我做不了这个"，只是问了一些关于格式的操作问题。我太激动了，大声表扬了她。她只是笑了笑。往常她来我的办公桌前时，我还得要告诉她，她可以做到，要她冷静下来看看说明。这个学生成绩很好，很少在作业中得过 B。此外，她在数学上很有天赋，应该很容易成功，但她害怕犯错误、担心不知道正确答案，这种惧怕阻碍了她。稍微令人惊讶的是一个学生可能需要三年的 PBI 才能"搞懂它"，但我认为我们赢得了这个最初抵触科学的学生，因为她接受了 PBI 连贯的培训。（教师4,八年级。）

我很高兴看到我们部门一步步迎接 PBI 的挑战，看到学生如何和我们一起成长。读一读我们七、八年级教师的反思是很有启发性的。作为一名六年级教师，我们要介绍 PBI 的基本知识。我们发现，成绩好的学生往往对 PBI 中的不确定性和知识应用最为抵触，至少一开始是这样的。令人兴奋的是看到一些成绩较差的学生"搞懂了"，成绩较好的学生学会了"新的学习方式"。（教师8,六年级。）

我很喜欢和同事们一起学习基于项目的教学。我是和同事们一起参加了这些职业发展的工作坊的。我们一起学习 PBI，并能当场互相探讨想法。有些人已经在课堂上实施了

PBI,听一听他们的想法是有益的,然后我们可以调整他们的想法来更好地满足自己学生的需要。并不是每个教师都会在课堂上遇到同样的障碍或取得同样的成功,但是和同一所学校同一个年级的教师探讨想法是非常有帮助的。我确实发现,与搭档和同事合作比单独实施要容易得多。我和[教师8]我们经常在学校里说,"我们两个人的智慧成就了一个伟大的老师。"(教师1,六年级。)

综合单元:科学课上教授数学面临的挑战

基于项目的单元为其他学科与科学的整合提供了许多机会,但如果教师不适应其他内容领域,整合单元就变得更具挑战性。老师们谈到了他们在 REAL(第五章)中体验和教授数学概念时的感受,这个单元将数学和科学结合在一起。

第一次体验 REAL 的时候,我记得讨论比例尺时花了一分钟我才想起如何去做,但是确实想起来了。我有点尴尬,因为小组里的其他学生提出的问题与我的不同。教学生比例尺时,我会和学生在小组里一起做。首先,我们会一起做一道题,然后学生每人每次做一道题。我会在黑板上慢慢地解题,学生埋头解题,完成或被难住时学生可抬头核对。我不记得去年我教这个课时班级分组的具体情况,但我可以推断,我们分小组学习的原因是学生在数学上绞尽脑汁,我不能把学生作为一个大的整体来教。此外,学生还不能熟练使用尺子,相比周长,学生也不擅长寻找直径。(教师4,八年级。)

第一次体验 REAL 时,数学的有些部分对我来说很容易理解,有些部分则是一个挑战。我的数学背景不强。从中学起我学习数学就很吃力。我经常需要有人给我解释论证,或者需要有人能够给我解读数学原理,这样才能完全掌握这个概念。在 REAL 课程中,数学更多地用于测量,对我来说更容易理解,这让我更容易明白自己的目的,明白自己在做什么。例如,第2课,使用拳头和拳头到眼睛的角度来测量月球的方位角和高度角。这些数学概念对我来说很容易理解,因为我正在做一些实际的事情,了解数学是如何帮助理解的。对我来说,理解困难的主要是第8课,关于比例尺。一开始,我们一个大组做作业,我完全懵了。最终我得到了单独的帮助,有人给我解释数学,但没有解释论证。我现在可以用数学来完成那个作业了,但我不完全理解数学,所以如果要把同样的方法用到另一个问题上,我不知道我能否做到。教授 REAL 的时候,学生很难理解概念,但我也只能提供大多数问题的答案。学生和我自己最为吃力的课程是计算比率。这是因为我缺乏理解,无法完全解释论证过程。在找到比率之后,我能够解释如何建模。在解释计算时,我只能解释怎么做而不能解释为什么。学生能够做计算,但我相信他们不理解他们在做什么。这是意料之中的事,因为我也只知道怎么做,却不知道为什么。(教师2,六年级。)

第一次体验 REAL 的时候,我在数学上是否很吃力? 是的,我的证书是科学和社会研究,而**不是**数学。有意思的是,我有一个实习老师马上要获得科学和数学双证书,她真的帮到了我,因为教授我们课程的时候,我困惑不解,我觉得太尴尬了。事实上,我不得不复习一下比率的概念! 每年我还得复习数学,要么请[教师1]来帮我,要么请团队的数学老师来帮我。在过去的一年中,我们在晚些时候实施了 REAL,学生,特别是数学成绩好的学生,非常熟悉比率的概念,他们用不同的方法解决问题。我着重强调了我们正在科学中*使用数学*,

学生觉得这很酷，有几个学生这么告诉数学老师的。我计划明年和团队的数学老师更紧密地合作，一起探讨数学概念。（教师 8，六年级。）

第一次职业发展课程中六年级的老师教授我们 REAL 单元时，我对所教授的数学概念并没觉得吃力。我感觉更困难的是如何教这类概念，因为我没有数学教学证书。在实施我自己的单元时，说真的，学生的数学能力各不相同，这确实给和孩子们一起实施实验和课程带来了有趣的挑战。对一些学生来说，这涉及到重新教授他们应该知道的概念。我必须确保用学生认识的词汇和方法正确地教授这些概念。为此，我经常向团队里的数学老师请教。（教师 5，七年级。）

第一次体验 REAL 时，我并没有真的觉得数学吃力。我有数学和科学证书，并在前一年教过数学。我对比率和比例很熟悉，教这个主题也很拿手。一旦我开始教数学内容，孩子们或者立刻激动起来，或者非常排斥，因为他们认为如果在数学课上表现不好，这个主题也学不好。情况并不总是这样。学生可以使用计算器，我们把比率和比例作为一个小课程先铺垫了一下。我把比率和比例的原理讲得非常简单，然后又重新把它们和科学单元联系起来。学生知道我有数学证书，所以我在讲数学的时候一定要确保他们很喜欢，也让他们能看出我也很喜欢数学。许多学生焦虑他们不得不把数学内容纳入科学。我试着把数学内容变得尽可能有趣和简单，这样学生就不会马上排斥。我喜欢向学生解释我喜欢科学是因为科学让数学变得有意义！科学让人们持续真实地接触如何使用数学课上的数学。（教师 1，六年级。）

结论

本章中每一位发表看法的教师都有机会参加了项目经费资助的一年或两年的工作坊定期见面，了解和实践 PBI 的实施。他们能够与其他处于类似情况的科学和数学教师交谈，相互交流观点、顾虑、挑战和成功经验。有时，教师一些共同的挫折感似乎与要求他们做的事情有关，但最终，所有完成 SAAS 项目研讨会的教师都通过反思分享了积极的成果，这些都在本章中介绍过。其中一位教师参与了这两年的 SAAS 项目，之前也接触过 PBI，第二年晚些时候也分享了她最终怎样理解了里程碑。在 SAAS 项目作为学习者体验了里程碑，也了解了里程碑，了解了使用里程碑的重要性，之后她终于明白，这些里程碑不仅仅是为了让老师能够检查学生通过项目所学的知识，而且也是学生互相分享新知识的机会。另一位教师（教师 8）也与小组成员分享了她如何让学生主导课堂教学，当时学生在项目工作中学到了一些重要的东西，这些东西对整个班级的学习都有益。通过这种方式，她赋能学生去主导他们自己的即时基准课程。不管个别教师在这个过程中具体学到了什么，他们都开始欣赏 PBI 在课堂上的优点。一些教师继续使用他们在 SAAS 项目中编写或体验的单元，并继续创建更多的 PBI 或偏重 PBI 的单元在课堂上使用，经常与当地情境联系，让学生与周围的世界接触。

我的意思是，对我来说，基于项目的学习——我想孩子们确实明白了。他们有目的，更像是有一个目标。如果你有一个很好的驱动问题，就像我现在做的跟水相关的问题，学生都很喜欢。我用实验室水龙头里的水装满这个壶，水完全是棕色的，学生想知道为什么，所以这是一个很好的切入点，试着找出这壶水有什么问题，测试所有的水，测试他们的水，弄清楚我们如何确定水是否可以安全饮用。

——尝试 PBI 后的科学教师

参考文献

Enyedy, N. ,& Goldberg, J. (2004). Inquiry in interaction：How local adaptations of curricula shape classroom communities. *Journal of Research in Science Teaching*, 41(9), 905-935.

Wenger, E. (1998). Communities of practice：A brief introduction.

第 八 章

教师设计的初中项目单元

本章包含三个初中(6 至 7 年级)单元,由参加了两年"跨越天文和原子空间的项目教学(SAAS 项目)"职业发展的教师开发。在这两年里,教师以学习者的身份参与到"REAL"和"CREATES"单元中,然后专门针对自己的学生开发了 PBI 单元。本章中第一个教师设计的单元是为六年级学生开发的,关注同一个生态系统内的相互作用。第二个和第三个单元是为七年级学生设计的:一个单元让学生探索重力、电和磁力,另一个单元则让学生调查吃的食物。感谢老师们在本书中分享了这些单元。应他们的要求,本章各单元均署教师作者的姓名。

生态系统内的相互作用: 一种基于项目学习的方法

艾米莉·道德森-斯诺登(Emily Dodson-Snowden)

概述

本单元是六年级的科学单元,关注在生态系统中发现的相互依赖的关系。单元课程长达 5 至 6 周,每天 45 分钟的教学时间。本单元的总体目标是让学生创建一个能存活 3 周的生态系统,并回答驱动问题:为什么植物和动物生活在某个地方?学生需要考虑创造什么样的栖息地,要使用哪些生物,哪些生物是生产者/消费者,生态系统的食物链/网,以及生态系统如何与有关联的生态系统发生联系。

学生需要用一个前测和一个后测来测量生物生长。教师运用多种教学方法和支撑材料帮助学生理解。下一代科学标准(NGSS,2018;NGSS Lead States,2013)被用作设计和实施该单元的指南。NGSS 的重点是核心观念、交叉概念和科学/工程实践这三个维度的整合。

预期表现

06-LS2-2：构建一个解释，用于预测跨多个生态系统的生物之间相互作用的规律。［说明：重点是根据生态系统中生物与非生物成分内部的和相互的关系，预测不同生态系统中相互作用的一致规律。相互作用的类型包括竞争性、捕食性和互惠性。］

科学与工程实践

6 至 8 年级的解释构建和解决方案设计，是建立在 K-5 小学 5 年级的经验之上的，包括逐步构建解释和设计解决方案，并用符合科学知识、原理和理论的多种证据来源予以支撑。

构建一个科学的解释，必须基于从来源（包括学生自己的实验）获得的有效且可靠的证据，基于描述自然世界运行的理论和定律的假设，并且这些理论和定律在过去、现在和未来均成立（MS-LS1-6）。

学科核心思想

LS2. A. *生态系统中的相互依存关系*

生物和生物种群依赖于它们与其他生物和非生物因素在环境层面的相互作用（MS-LS2-1）。在任何生态系统中，对食物、水、氧气或其他资源有类似需求的生物和种群可能会为了有限的资源而相互竞争，从而限制自身的生长和繁殖（MS-LS2-1）。物种和种群的增长受到资源获取的限制（MS-LS2-1）。

LS2. B. *生态系统中的物质循环与能量转移*

食物网作为模型展示了物质和能量如何在生产者、消费者和分解者之间转移，因为这三个群体在生态系统中相互作用。出入物理环境的物质转移发生在各个层次。分解者将死去的植物或动物物质中的养分循环回陆地环境中的土壤中或水环境中的水中。构成生态系统中生物的原子在生态系统的有生命部分和无生命部分之间反复循环（MS-LS2-3）。

LS2. C. *生态系统的动态、运转和弹性*

生态系统在本质上是动态的；它们的特性随时间而变化。对生态系统内任何物理或生物组成部分的破坏都可能导致所有种群的变化（MS-LS2-4）。

交叉概念

规律：规律可用于确定因果关系。

文献综述

下一代科学标准(NGSS)指出,学生应该展示与生态系统相关的理解,通过构建一个基于可靠和有效证据、理论和定律的解释,来预测跨多个生态系统的生物之间相互作用的规律。学生在了解了栖息地、非生物和生物因素、食物链和食物网以及消费者和生产者之后,才能构建这一解释(NGSS Lead States,2013,p. 71)。

要重点关注学生可能对生态系统抱有一些常见的错误概念。例如,学生可能错误地认为(1)食物网是一个简单的食物链(Griffiths & Grant,1985;Munson,1991)或者(2)食物网顶部的生物吃掉了所有的在网中处于较低位置的生物(Crawley & Arditzoglou,1988;Griffiths & Grant,1985)。Adeniyi(1985)开展的一项研究表明,许多学生错误地认为(1)生产者没有生活在水里;(2)植物从土壤中获取食物和二氧化碳;(3)植物首先从太阳获取能量,由于消费者从植物中获取能量,消费者获得的能量更少;(4)栖息地是由生活在水里或陆地上的动物定义的;(5)栖息地是生态系统的同义词(Adeniyi,1985,p. 314)。许多学生没有正确地认识到生态系统中的生物和非生物因素是有限的,是它们改变了物种的承载量。相反,他们错误地认为一些生态系统拥有无限的资源,因此可以提供无限的生物种群增长(Brody & Koch,1989;Munson,1991)。本单元将讨论并纠正这些错误理解。

单元大纲

本单元是六年级的第二单元,之前的一个单元聚焦在使用科学仪器、测量、实验室安全、实验设计和工程设计过程。先学习前一个单元是因为许多即将入学的六年级学生以前没有统一的科学知识,他们需要学习基本的科学技能。学习完前一个单元后,再向学生介绍本(生态学)单元。学生通常会对学习这个单元感到紧张,因为这是他们的第一堂科学课,他们要达到一个最终目标,并且他们知道必须提出解决办法。这两点对大多数学生来说都是新概念。本单元的顺序见表8.1。

表8.1　单元活动

日期	活动	小结	基准课或里程碑
1	学前评估,种植豌豆种子备用	学生学习适合他们的理解程度的生态概念	里程碑:学前评估
2	建立科学笔记本,并对野外(Wild)项目(Council of Environmental Education,2011)进行修改,做栖息地圈坐活动	向学生介绍这个新单元	

续表

日期	活动	小结	基准课或里程碑
3—4	用 1～3 篇文章和一个改编自 Singer(2015)的图形结构图来引入课程	学生开始对生态系统中的交互作用提出问题,向学生介绍驱动问题	基准课:生物和非生物在生态系统中相互影响
5	使用谷歌 Cardboard 眼镜,用虚拟现实应用程序来观察不同的生态系统(technology; Google, n. d. ;Smart2 B. V. ,2018)	学生了解不同的生态系统,并对动物为什么生活在不同的生态系统中提出假说	基准课:世界上有不同的生态系统,动物能够适应某些类型的环境
6—7	用画廊漫步打造自己的生态系统。这个活动改编自野外项目(Council of Environmental Education,2011)	给一组学生提供关于不同生态系统的信息(或者学生可以自己查找信息),并绘制自己生态系统的图片	里程碑:笔记本反思
8	活体与非活体调查(原有课程)	给学生提供物体,学生必须先对其进行分类,然后再给学生活体与非活体(生物与非生物)的提示	基准课:活体和非活体组成了一个生态系统
9	伽利略乌龟和《海底总动员》视频(原有课程)	向学生介绍班级宠物伽利略。伽利略是一只沙漠陆龟,老师一边回顾生态系统知识,一边提问学生在伽利略生活的环境中发现了哪些生物和非生物体	里程碑:学生观看动画片《海底总动员》的片段(Disney-Pixar, 2003),列出五个生物体和五个非生物体。学生还要在笔记本上记录反思
10—11	生物/非生物因素在线实验室(技术)。改编自 Glencoe/ McGraw-Hill(2017)	学生使用 Glencoe 创建的虚拟实验室(Glencoe/ McGraw-Hill,2017)来观察温度这一非生物变量如何影响鱼的呼吸频率。之后,学生将数据制成图表	基准课:生物和非生物体在生态系统中相互作用
12	视频:非生物和生物因素(Drollinger,2013)、T 图和植物实验简介	学生为生物和非生物因素绘制一个 T 图。之后,学生设计他们的植物实验	
12—15	植物实验(最好在周末准备)(原有课程)	学生设计一个实验,在实验中将生物或非生物因素应用到植物上,以观察其效果。这可能包括土壤类型、日照量、栅栏、人工授粉、温度等。	里程碑:从实验得出的结论

日期	活动	小结	基准课或里程碑
16	生态组织笔记,用所选动物画图(原有课程)	学生了解组织的层次(个体、种群、社区、生态系统、生物群落、生物圈)	基准课:学生学习如何定义生态系统以及所涉及的组成部分 里程碑:完成组织层级,反思
17	食品网络活动,改编自野外项目(Council of Environmental Education,2011)	学生在自己的脖子上挂上名字标签来创建一个食物网。然后,依照谁吃谁来传纱线团组成网	基准课:能量来自太阳,动物依赖于其他动物
14	设计自己的食物链和网,或者用猫头鹰丸制作网	学生可以设计食物链/网络,也可以解剖猫头鹰丸,利用发现的生物设计食物链/网络	里程碑:完成食物网,反思
15	能量金字塔	学生创建一个可折叠的能量金字塔,并计算能量的传输量	基准课:10%的能量在食物链上输送
16	捕食者/猎物的模拟,从生物角(Biology Corner)获得(Biology Corner,2017)	学生要了解由于一头鲸鱼只获得鱼类10%的能量,因此他们必须吃很多鱼。学生要假设并通过模拟测试需要多少鱼	里程碑:反思
17	来自野外项目的好伙伴活动(Council Of Environmental Education,2011)	学生完成一项活动,学习三类共生关系	基准课:动物可以与其他动物有不同类型的关系
18	共生涂色画(Utah Roots Publication-Teachers Pay Teachers,2017)	学生阅读提示并确定关系的类型。然后学生根据答案给图片上色	里程碑:完成图片,反思
19	野外项目的黑熊实验室(Council of Environmental Education,2011)	在这个户外游戏中,学生扮演黑熊的角色,必须争夺资源才能生存	基准课:物种种群由限制因素和竞争决定
20—23	生态柱,改编自瓶中生物(*Bottle Biology*)(University of Wisconsin-Madison,1991)	学生根据对生态系统中交互作用的理解创建一个生态柱	
24	课后评估(原有评估)	就生态概念对学生进行课后评估	

本单元所需材料

本单元使用的材料包括:

• 科学笔记本(根据 Kellie Marcarelli 的《用交互式笔记本教科学》一书中提供的说明设置。笔记本每一页的右边用于教师上课时学生做笔记,左边用来记录每个学生的预测、数据、结论、问题等。)

• 2 升塑料瓶(用于生态柱建设)

• 所有组件见表8.2

• 虚拟现实(VR)应用

• 智能手机

• 平板电脑

• 计算机

• 谷歌 VR 眼镜

• 多色卡(黑熊课活动用)

• Minecraft Edu 积木

• 班级宠物和栖息地

• 投影仪和显示屏

• 图画卡片(非生物和生物因素;动物、生态系统和食物;鲸鱼和鱼卡片)

• 图表纸

• 铅笔/钢笔

• 动物名牌项链

• 纱线球

• 白板

• 公告板

• 计数器

• 共生涂色画(Utah Roots Publication-Teachers Pay Teachers,2017)

表 8.2　学生可选择的生态柱材料列表

非生物体	植物	动物	
污垢 沙岩石 水 螺旋藻片 (674878) 枯叶	蔬菜片 仙人掌(157290) 食肉植物(157185)	幽灵蛛(143255) 孔雀鱼 蚯蚓(141620) 魔兽虫/墨利托比亚虫(144570),一种麻蝇幼虫里的寄生虫 药丸虫(143060) 拉姆斯霍恩蜗牛(141230)	活化石/恐龙虾(142184) 蚯蚓(141620) 伊乐藻(162101) 麻蝇幼虫里的肉蝇(144440) 海猴/盐水虾(142226) 拉姆斯霍恩蜗牛(141230) 大型蚤(142330)

注:本表中的数字是卡罗莱纳生物供应公司(Carolina Biological Supply Company)提供的这些物资的项目编号

单元简介

这个单元开始时,重点是让学生为后面的活动做好准备。要进行一个课前测试为课程提供一个起点,让教师分析学生的错误理解和基础知识。之后,用一个引入活动来吸引学生的注意力。在本单元中,要使用野外项目的"栖息地圈坐"(Council of Environmental Education,2011,p.61)。这项活动让学生离开座位,享受乐趣。活动的核心是让学生了解生物存活的需求,并开始就自己的环境提出问题。活动结束后,给学生时间来准备科学笔记本,种植豌豆(或任何快速生长的植物)以备后面使用。

在围圈坐活动之后,学生阅读一些现实世界中与生态有关的事件以及生态系统内部关系的文章。合适的文章包括 Stephanie Strom 的《蜜蜂大佬应对领地里的危机》(Strom,2017),Emily Singer 的《蜜蜂共生揭示生命中最牢固的伙伴关系》(Singer,2015),以及《田间作物与蜜蜂:研究揭示的神奇关系》(Espinoza,2016)。选用不同的文章,可以让学生读到不同的观点,并在阅读内容上进行选择,找到一篇适合自己阅读水平的文章。

第一篇文章(《蜜蜂大佬应对领地里的危机》;Strom,2017)之所以被选中,是因为它蕴含了现实世界的关联,学生可以认识到这些关联在生活中很重要。蜂巢的健康问题越来越受到关注,学生在生活中还会时不时地听到有关蜜蜂健康的消息。此外,文章还讨论了授粉如何导致 90% 的植物生长,其中包括学生每天吃的食物。这篇文章让学生有机会了解生物(人、寄生虫等)和非生物(气候变化、化学物质等)因素是如何影响蜜蜂健康的,如果蜜蜂健康受到影响,人们获得某种食物的能力也会受到影响。第二篇文章(《蜜蜂共生揭示生命中最牢固的伙伴关系》;Singer,2015)论述了蜜蜂与其寄生共生体之间的共生关系。第三篇文章(《田间作物与蜜蜂:研究揭示的神奇关系》;Espinoza,2016)探讨了人们对沾有杀虫剂的种子及其对蜜蜂和蜂巢影响的担忧。所有的文章都讨论了蜜蜂和环境之间的关系,提供了与现实世界的关联,这样学生就可以看到了解生态系统中各种关系的价值。学生在阅读所选文章后,根据文章进行分组,每组制作一个图形结构图与全班同学分享。学生制作的图形结构图的示例参见图 8.1 。

在这项活动之后,教师可以介绍基于项目的单元的概念,并解释子驱动问题("＿＿＿＿的生存需要什么?")和最终作品:蓬勃生长的生态柱。需要注意的是,应该对学生可以选择的生物因素加以限制,限定学生可以提出的子驱动问题下子问题的范围。例如,限定学生选择表 8.1 中列出的动植物。这意味着学生只能根据表 8.1 的列表来设计子驱动问题下面的问题,并且只能使用这些项目创建自己的生态柱。在食物网课程结束后,学生在每一天的最后都有 5 分钟的时间来思考将在整个单元的生态柱中包括哪些生物和非生物因素,这样一直进行到黑熊课程(第 8 课/限制因素)。黑熊课程结束后,学生有两天的时间来策划和设计他们的生态柱。然后教师根据每个学生的计划来订购材料。

在这两个介绍性活动(栖息地圈坐和基于研究文章的图形结构图)之后,开始学习第 1 课。注意:在基于项目的课堂中,应该始终关注最终作品,但是达到那个最终项目的过程才是最重要的。在这个过程中,学生在学习,教师在反馈,学生在发展观点和理论。教师的责

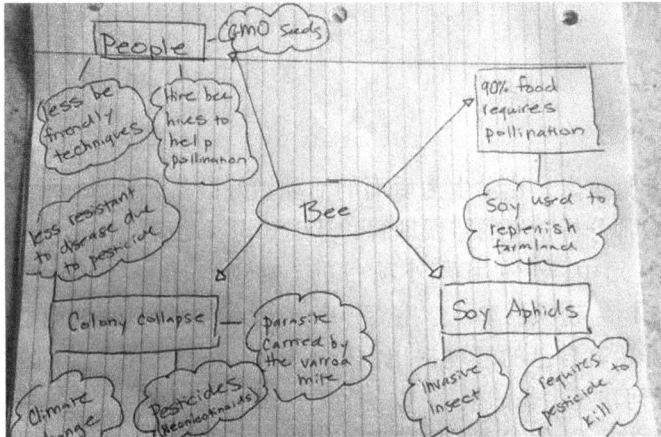

图 8.1　一个学生在阅读 Stephanie Strom 的文章《蜜蜂大佬应对领地里的危机》
(Strom,2017) 后绘制的图形结构图样本

任是确保这些课程是相关的和有支撑的,对学生有帮助。此外,课程的创建应牢记 5E 原则
(引入、探索、解释、详述和评估)。因为有研究已经得出结论:课程的顺序和类型可能促进或
损害学生的学习(Bybee,2002)。前面的章节中已经提供了单元的简要概述,在本节中,我将
用 5E 原则来逐一分析每个基准课内容。

探索不同的生态系统:第 1 课

在第一节基准课中,学生要学习世界上有不同的生态系统,动物适合生活在特定类型的
环境中。根据下一代科学标准(NGSS),学生必须要能确定跨多个生态系统的规律,但他们
首先必须认识到存在不同的生态系统。这个基准内容非常重要,因为学生需要根据他们选
择进行组合的生态系统来决定放在生态柱中的动物。这一概念是用多种方法进行教学的。

引入

为了让学生对生态系统感兴趣和投入,我们使用了谷歌 Cardboard 虚拟现实(VR)眼镜
和智能手机。老师提供了几副这样的眼镜,但也鼓励学生带上自己的 VR 眼镜,并鼓励学生
把智能手机带进课堂。在课堂上,学生下载 VR 应用程序,参观不同的生态系统,同时记录
他们看到的,以及他们发现的动物的相似之处(例如,北极的动物有白色的皮毛,雨林中的许
多动物有攀爬的能力,等等)。一些可供使用的 VR 应用程序包括 VR Cities(Smart2 B. V.,
2018),Perfect Beach VR(nDreams LTD),和 Safari Tours Adventures VR4D(Tulip Apps,2017)。
也可以使用各种免费的 VR 应用程序。

探索

下一步是让学生开始建立自己的生态系统,可以通过多种方式来完成,并且取决于时间安排。有一个方法是给各组学生提供关于不同生态系统的信息,或者让学生查找信息。这为学生提供了一个研究生态系统和了解该地区特征的机会。

解释

研究部分的工作结束后,给学生机会来展示和解释他们的生态系统。可以通过图画、透视图、使用 Minecraft Edu 创建生态系统(Mojang,2018)等来完成。在本课程的这一部分中,学生有机会解释他们学到的知识。

详述

为了继续扩展学生的知识,可以开展画廊漫步活动。学生可以在教室里走动,参观不同的生态系统。此外,还可以使用补充材料,如英国广播公司的"地球"视频片段,或者比尔·耐(Bill Nye)的生物多样性视频(Nye,2009)。

评估

学生在各自的科学笔记本上写下每天的反思。教师从这些反思中评估学生的知识学习,也可以用生态系统本身,或者用混合和匹配动物和生态系统的图片来评估学生的知识学习。学生要使用课堂评估工具(比如教室四角、红黄绿色抽认卡),或者用大拇指向上/向下来评价自己和其他同学的知识。老师告诉学生正确的答案后,学生也可以给自己的作业打分(写在科学笔记本上)。

定义生物和非生物变量:第 2 课

在第二节基准课中,学生要学习生物和非生物组成了一个生态系统。这是一个重要的概念,因为许多学生没有认识到非生命物和生态系统中的有生命物同样重要。这个知识有利于生态柱的制作,因为学生需要考虑非生物体(温度、降水、阳光等)和生物体(细菌、动物、植物等)。下一代科学标准(NGSS)要求学生理解生物体和非生物体之间的相互作用,但要做到这一点,学生必须首先能够识别什么是生物体/非生物体。

引入

为了培养学生的兴趣,可以做分类游戏。发给学生印有图片或物品的卡片,让他们选择任何一种方法将卡片分成两组(没有其他说明)。之后,让学生解释他们的分组。

探索

通常在学生解释分组时,会有一个小组将物品分为有生命和无生命。如果没有学生按照这种方式分类卡片,老师就应该让他们把自己的物品分类成生命物和无生命物。之后,在课堂上讨论是什么让一些物品有生命,而另一些无生命。使用"T 图"来识别差异,介绍生物和非生物术语(图 8.2)。课堂讨论结束后,学生检查他们的卡片分组,并纠正任何未正确分类的卡片。

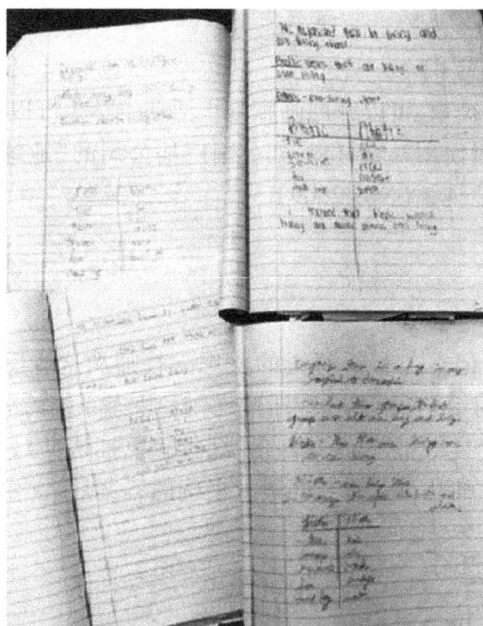

图 8.2　学生作业样本:生物/非生物 T 图

解释

在下一节课上,老师向学生介绍伽利略这个班级宠物。伽利略是一只沙漠乌龟,它的家由有生命物和无生命物组成。利用前一天学习的知识,学生必须识别构成家的有生命物和无生命物。可以通过"轮替"的方法来完成,以便让所有的学生都参与进来。然后,要求学生写一篇反思文章,解释是什么让一些物品具有生命性/生物性(乌龟、莴苣、仙人掌),而另一些物品不具有生命性/非生物性(沙子、加热灯、石头、假原木)。学生需要使用 T 形图上的物体来支持他们的观点。

详述

之后,在老师检查学生作业的时候,学生可以观看电影《海底总动员》的片段,识别有生命和无生命的物体(Pixar Animation Studios,2003)。此外,老师可以提示学生找出一些物体是如何相互作用的,比如海葵和小丑鱼,为学习下一个概念做好准备。

评估

评估学生也有几种方法。首先,教师可以用学生的反思来检查学生对知识的理解。老师也可以查看学生在观看《海底总动员》片段时创建的列表。

非生物变量和生物变量之间的相互作用:第3课

第三节基准课的重点是学习生物体和非生物体在生态系统中的相互作用。这是一个重要的概念,因为学生在制作生态柱时需要考虑物品之间的相互作用。例如,如果学生计划使用蜘蛛,那么就需要考虑蜘蛛生活在哪里,食物来自何处。这个概念很重要是因为下一代科学标准(NGSS)要求学生能够确定生态系统中的关系和出现的规律。

引入

为了促进学习,教师可以使用 Glencoe 创建的虚拟实验室(Glencoe/McGraw Hill,2017)。虚拟实验室主要研究作为非生物变量的温度如何影响鱼的呼吸频率。这个网上活动为学生提供了测试的机会,不会对动物造成任何伤害。在虚拟实验室中,学生将鱼放在水中,记录在一个设定的时间段内鱼鳃活动的次数。接下来,温度升高,学生再次记录呼吸次数。重复几次,学生将数据记录在笔记本上(图 8.3)。然后,学生完成一个工作表并绘制结果图表。

探索

完成虚拟实验室活动后,学生要绘制数据图表并开始提炼结论。教师组织课堂讨论,让学生解释他们的发现,也解释对鱼可能带来的帮助或者伤害。如果需要的话,可以利用气候变化建立一种现实世界关联,教师可以提问学生气候变化如何影响海洋中的鱼类。此外,学生要用豆科植物设计一个实验室。给各个学生小组分配一个改变植物的生物成分或非生物成分的任务,可以包括土壤类型、光照量、人工授粉(如果植物开花)、植物生长障碍等。让植物继续生长一段时间,学生记录结果。

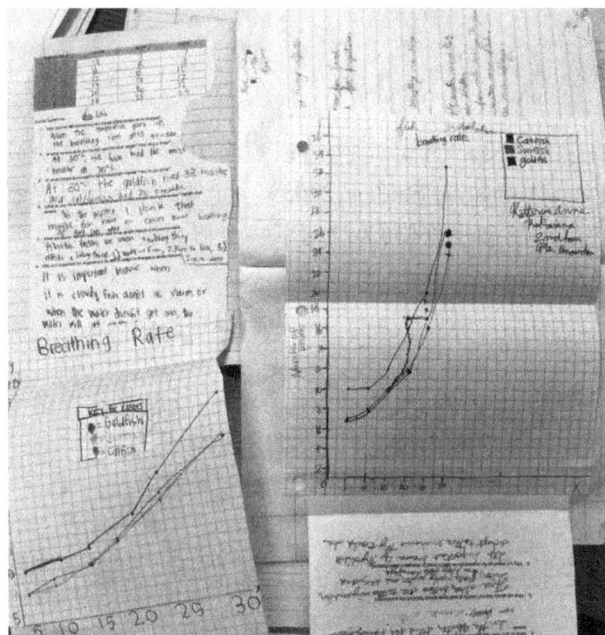

图 8.3 学生在生物/非生物虚拟实验室（Glencoe-McGraw Hill，2017）活动中创建的样本图。
坐标轴显示鱼在一定温度下呼吸的次数（Y）和与之相对应的秒数（X）

解释

在鱼类和植物实验之后，学生应该能够开始把影响生态系统的生物和非生物因素关联起来。学生要能够查看鱼类数据图表，并得出结论：鱼类在较冷的气候下呼吸较慢，在较暖的水中呼吸较快。另外，学生要能够看到植物的一些变化，并且能够就植物发生的变化得出结论。

详述

详细阐述生物和非生物因素的概念，可以参考一个对生物和非生物因素进行综述介绍的简短视频（Drollinger，2013）。

评估

为了评估学生的理解，教师可以检查他们就植物或鱼类实验得出的结论。评估学生作业时，要点应放在学生是否了解生物和非生物成分是如何相互作用的。

生态组织:第4课

第四个基准概念是,学生要学习生态系统的定义及其组成部分。这一点很重要,因为当学生制作生态柱时,需要了解个体、种群和群落之间的差异。他们要利用这些信息来确定是想利用一个有机体种群还是单个个体。

引入

为了让学生参与,老师给学生发卡片,学生要按照从最小到最大的顺序来排列卡片。卡片上有熊猫、竹子、中国长城等不同的图案。

探索

学生开始领会到从小到大组织卡片的想法后,老师就来解释理由。这项活动的目的是向学生介绍由个体、种群、群落、生态系统、生物群系和生物圈组成的生态组织的概念。学习了这个概念后,学生要重新组织卡片。之后,老师和全班同学为每一个层级举出例子。老师画图,学生会提供例子,这个活动也可以在小组中完成。

解释

为了给学生机会解释自己的理解,应该让学生建立自己的生态组织。可以先由老师让学生挑选一种动物开始,然后向上继续。学生可以选择写出每一个层级的内容或者画一幅画。

详述

为了深入理解这种生态组织的理念,可以利用学校来比喻。通过解释"比喻"这个词的含义,学生可以将学校比喻成一个生态系统,并确定它的每个组成部分。

评估

教师可以通过分析每个学生关于生态组织的图画来评估学生的理解。

食物网：第 4 课 A

在这一节基准课中，学生要了解能量来自太阳，存在一个食物的网络。这个内容很重要，因为学生需要考虑食物来源并实现生态柱的自给自足。NGSS 标准要求学生能够识别关系和规律。食物网和食物链很好地展示了这些规律和关系。

引入

为了介绍食物网的概念，全班同学完成野外项目（Council of Environmental Education，2011）中名为"生物食物网"的活动。在这个活动中，学生在自己的脖子上挂上动物名字标签来创建一个食物网。然后，根据谁吃谁的顺序传递一团纱线。最后，一张网出现了，每个拿着一根纱线的人代表食物网中的一个动物。

探索

学生在完成"生物食物网"后，可以制作自己的食物网。给学生一张图，图上一个圆圈里有几个动物，学生根据谁吃谁画线。

解释

之后，学生在全班或小组内分享他们的网络。他们要能够解释把一种动物和另一种动物联系起来的理由。

详述

为了强化对这一概念的理解，学生要选择一个生态系统，利用他们了解的动物制作一个食物网。可以允许学生自己查询动物，也可以给学生提供动物的信息。

评估

为了评估学生的理解，教师可以检查学生制作的食物网，或者让学生来识别食物网的某些部分。

能量金字塔:第 5 课

在本课中,学生要了解只有 10% 的能量在食物链上输送。这一点很重要,因为学生要得出的结论是需要更多的猎物而不是捕食者。如果二者数量相等,生态系统就会崩溃。学生在设计生态柱时,不仅要考虑食物来源,还要考虑捕食者和猎物的平衡。根据 NGSS 标准,学生需要识别生态系统的模式,而一个众所周知的规律就是必须存在比捕食者更多的猎物。

引入

为了让学生对这个 10% 规则产生兴趣,可以使用折叠图(Nebraska Alliance for Conservation and Environmental Education,2002)。让学生把折叠图放在笔记本里,使用时打开来就变成了 3D。学生喜欢制作这个东西,他们可以通过三角形状看到 10% 的能量转移。

探索

完成能量金字塔后,学生要计算能量转移的数量。然后引出讨论:为什么猎物需要比捕食者更多,为什么植物比动物多。

解释

学生要写一篇关于发现的反思。反思内容应该包括 10% 规则,并解释为什么每一个层次都有更少的有机体。

详述

使用生物角(Biology Corner)(2017)创建的模型,模拟捕食者/猎物的关系(图 8.4)。用代表鱼和鲸鱼的卡片来模拟海洋生态系统。学生需要记住,由于鲸鱼只获得鱼类 10% 的能量,它们必须吃很多鱼。在活动开始前学生要设想需要多少鱼来支撑鲸鱼种群。在活动中,学生把鲸鱼卡片放在鱼卡片上。一张鲸鱼必须靠三张鱼才能存活,任何剩余的生物都要数量翻倍才能进入下一轮。持续几轮到活动结束时,学生要将数据制成图表。

评估

为了评估学生的学习情况,教师可以阅读学生的反思,或者查看学生对捕食者/猎物模拟活动的结论。

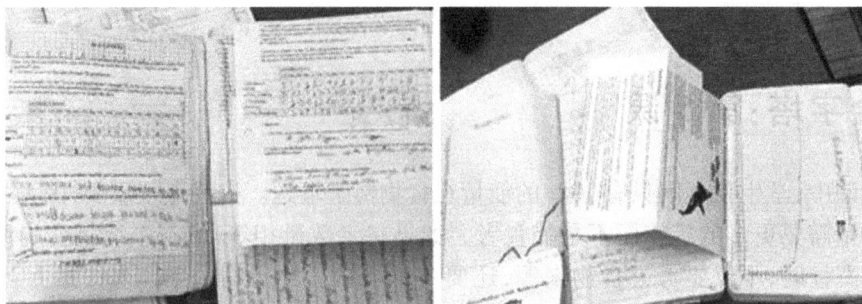

图8.4　学生用鲸鱼和鱼的纸板模型来模拟海洋。
这个模拟活动的目的是让学生认识到为了维持生态系统的稳定,
需要更多的猎物(鱼)而不是捕食者(鲸鱼)

共生关系:第6课

在本系列课程中,学生需要了解动物之间存在各种相互关系,有好有坏。这个知识很重要是因为在学生的生态柱中,一些生物可能协同工作,而另一些生物可能互相造成伤害。例如,如果学生要使用鱼,那么可能需要一只蜗牛来清理鱼的排泄物,从而建立一种互惠关系。NGSS 标准的一个主要关注点是互动的类型,这些课程就聚焦在识别关系的类型。

引入

为了引入共生的概念,我们使用了野外项目(Council of Environmental Education,2011,p.91)中的"好伙伴"活动。在这个活动中,给学生一个动物,他们必须找到和这个动物有某种关系的伙伴。例如,一个学生可能有跳蚤,另一个有狗,他们就可以结成伙伴。

探索

在"好伙伴"活动之后,老师会解释三种类型的关系,并提供真实的例子。在课堂讨论中,学生要记住他们认识到的共生关系(如蜜蜂和花朵)。

解释

再做一次"好伙伴"的活动。在这一阶段,学生要解释他们为什么和那只动物结伴,发生了什么样的关系。如果学生有困难,老师也可以引导学生描述动物的行为。

详述

为了阐述共生关系的理念,学生要完成"共生涂色画"(Utah Roots Publication-Teachers

Pay Teachers, 2017)。在这个活动中,学生要阅读提示并确定关系的类型,然后根据答案给图片上色。

评估

为了评估学生的学习,老师可以先做"三个角落"的游戏,给学生读关于共生关系的描述,让学生根据他们认为的关系走到教室的一个角落。老师也可以查看学生完成的共生涂色画。

限制因素和竞争:第7课

在最后这一节基准课中,学生要了解种群数量是由限制因素和竞争决定的。这一点对学生制作生态柱很重要,因为他们需要知道在一个区域内不能安排太多的竞争,这样会导致生态柱坍塌。根据 NGSS 标准,学生需要了解在一个生态系统中发现的规律,以及决定这些规律的限制因素。

引入

为了让学生参与到这个话题中来,带他们到户外上一个野外项目课程(Council for Environmental Education, 2011, p. 23),内容是黑熊种群数量的限制因素。在户外活动时,告诉学生他们是黑熊,他们需要为冬天收集食物。在户外放置卡片。学生不知道有些卡片提供的食物比另一些卡片多。

选三个学生作为特例:一头熊有两只幼崽,需要收集双倍的食物;一头熊被豪猪刺瞎了眼睛,必须戴上眼罩;一个学生必须单脚跳,因为被另一头熊打伤了一条腿。学生有 2 分钟的时间来收集卡片。

探索

活动完成后,学生回到室内,计算收集的食物量并记录在他们的笔记本上(关于学生对黑熊活动的反思示例,见图 8.5 。做这个反思的学生发现,作为一头假熊,他们没有收集到足够的食物来生存,于是就写下"我死了",并在下面划线。)在这段时间里,告诉学生卡片的颜色代表食物的种类,数字代表食物的数量。学生开始意识到有一些学生/熊得到了更多的食物,而另一些没有。最后,老师来揭晓生存所需的食物量,通常一个班上只有一到三个学生能存活。

解释

分析数据后,进行全班讨论。在这段时间里,教师帮助学生就结果进行提问,定义限制

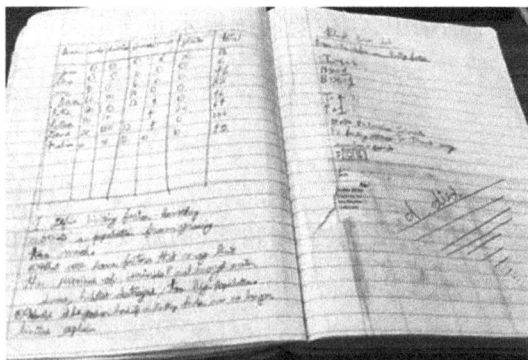

图 8.5　限制因素模拟活动记录的数据

因素和竞争。学生要了解有一些因素可以限制种群数量的增长，甚至还有一些限制人类数量增长的因素。

详述

在模拟实验结束时，提问学生，让他们思考一些可能影响人类或动物数量的限制因素。然后学生把这些记录在笔记本上，并在小组内分享他们的想法。

评估

为了评估学生的学习，教师可以让学生完成反思，回答实验问题，或者审阅学生自己提出的限制因素。这些选项都可以揭示学生对模拟活动中黑熊死亡原因的正确或者错误理解。学生通过提出可能让更多黑熊活下来的方案，自我评估对这节课内容的理解。然后他们要解释其中一个解决方案。

评估（里程碑）

采用多种方法来评估学生对内容的理解。单元列表中列出了几个评估方法，还有一些每天都用到的形成性评估方法，包括：

- 学生反思日记——学生每天写下通过特定活动学到的东西，以及它如何帮助回答大问题（见图 8.6）。
- 暖场问题和结束问题——学生完成关于当天课程或几天前课程的回忆问题。由老师或同学评分。
- 学生跟踪——学生跟踪自己关于某个主题的学习成长。学生在一个单元开始时进行一次前测，老师就每个内容领域给每个学生打分。之后，学生根据自己在形成性评估中的表现来跟踪学习的成长。

- 四个角落/同意反对表决/类似活动——学生被提问,并根据自己的回答去教室的不同角落。
- 提问/课堂讨论——组织关于所学内容以及如何帮助回答大问题的课堂讨论。
- 实验结束后的总结问题——用学生回答活动中的问题来评估他们的理解。
- 计数器/白板/Socrative/Google Classroom/GradeCam——学生通过以上某一种方式(由教师决定)完成小测试。
- 张贴信息板——学生被提问,并在张贴信息板上做出回应,信息板放在教室里的某个地方。

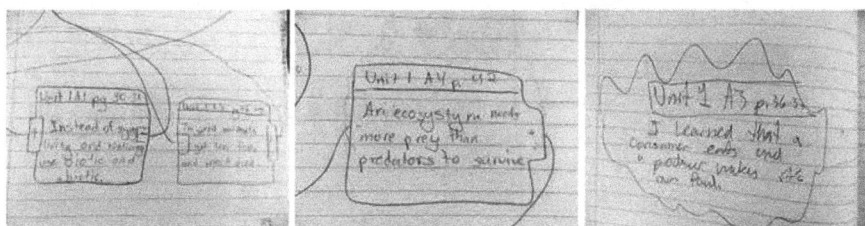

图8.6 学生反思

此外,终结性评估被用于课前测试和课后测试,是衡量学生在单元中学习成长的工具。这些评估都是老师做的,涵盖了所有的主要概念。终结性评估包括多项选择、正确/错误、简短回答和开放式回答问题等。在单元授课开始之前,只有12%的学生在课前测试中获得及格分数。所有参加了课前测试的学生都在成绩册上获得了参与分。该单元授课结束后,有84%的学生达到平均分,其中只有18%的学生得了 D 或 F。生态柱也作为终结性评估,因为学生在设计生态系统时必须应用所有知识。

整合项目:生态柱

最后一个项目要求学生设计一个自给自足的生态系统,要求可以存活三周。选择这个项目是因为下一代科学标准(NGSS)规定学生需要设计和构建一个解决方案,要解决的问题是建成生态系统后不允许提供任何人工协助。例如,沼泽生态系统必须为陆地生态系统过滤水。这些类型的生态系统还必须协同工作,相互支持。因此,所有的生态组成部分都必须在组装之前加以考虑。这个想法是从《瓶中生物》(Bottle Biology)(University of Wisconsin-Madison,1991)一书中获得的,由教师改编。生态柱的组装过程如下所示:

1.课程一开始,提醒学生这个项目的挑战和要求——"构建一个在没有你帮助的情况下能够生存三周的生态系统。在设计生态柱时,必须在规划阶段就要考虑发生的交互作用。"

2.教师给学生分组,各组必须分配组员从事下列工作:

(a)电脑操作员

(b)记录员

(c)提问人

(d)动物管理员(多人)

(e)栖息地制作员(多人)

3.学生可以选择三种生态系统进行组合:陆地、沼泽/池塘或水生(盐水或淡水)。

4.给学生提供材料列表(见表8.2),以便学生围绕这些限制来设计生态柱。这些材料是通过卡罗莱纳州生物供应公司(Carolina Biological Supply Company)、宠物超市(PetSmart)和校外获得的。每组学生都有一个预先切好的2升瓶子。

5.接下来,学生开始规划阶段,他们要研究并回答以下问题(学生样本见图8.7):

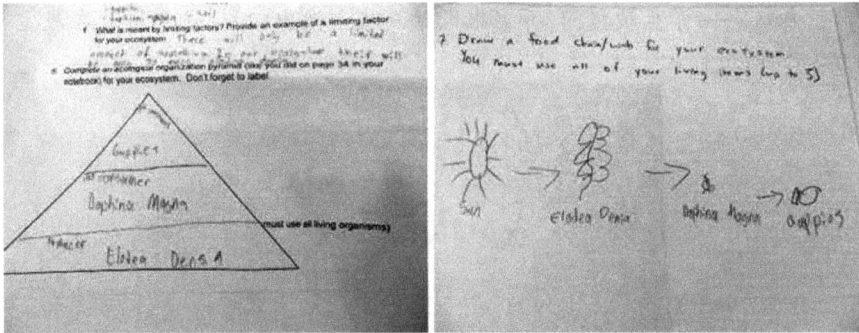

图8.7　上图显示了学生在确定生态系统中使用的食物链时所做的工作

(a)你最多可以使用三种动物,你打算用什么?

(b)你选择的生物适合你的生态系统吗?

(c)构建一个你正在使用的动物的食物网/食物链(如果你的动物需要使用某些东西,一定要咨询其他同学的生态系统。例如,如果需要苍蝇作为食物来源,那么问问沼泽生态系统的同学是否在使用苍蝇幼虫)。

(d)确定你的生物是如何繁殖的,这样种群就不会灭绝。

(e)画一张你的生态柱平面图,给物品贴上标签,列出使用的原因。

6.规划阶段结束后,学生将规划交给老师审批(见图8.8)。老师审查确定这个规划对于使用的生物是否安全。

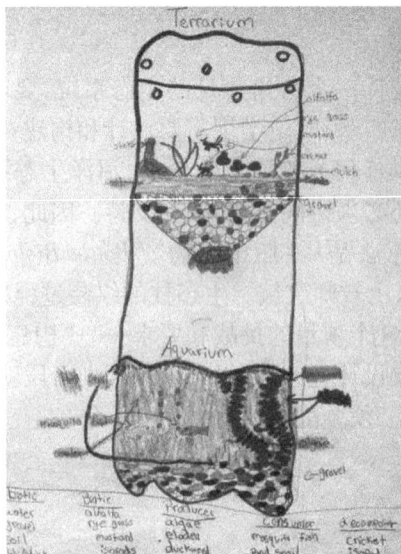

图8.8　这张图片展示了学生对两个生态系统(水生和陆地)的规划和他们选择的材料

7. 最后,让学生组装他们的生态柱(见图8.9),然后将合作的生态柱组合起来(见图8.10)。

图8.9 这张图片展示了一个学生的生态柱样品,包含了一个有蜗牛和伊乐藻的淡水生态系统

图8.10 这张图片展示了学生生态系统样本与其他生态系统组合后的情况。
左边的生态柱使用了全部三个生态系统

8. 接下来的3周里,在开始上课时,给学生时间(大约5分钟)对他们的生态柱进行观察,并与全班分享这些信息。

9. 在3周结束时,要求学生反思他们的经验,并列出如果再次分配这个项目他们会做的改变。学生还要回答以下问题:

(a)什么是可行的,什么是不可行的?

(b)你会改变什么?

(c)发生了什么变化?

总的来说,生态柱非常成功,所有的生态柱都存活了要求的3周时间。超过一半的生态柱存活了几个月。学生表现出对这个项目的喜爱,他们用心地为动物创造了一个合适的栖息地。这个项目很有用,因为它能让老师观察学生对主题知识的了解。学生不是因为想要一个材料就选择这个材料,而是要考虑需要什么和为什么。

后续工作

生态柱成功地教授了学生需要的信息，提供了一个有趣的并且信息丰富的单元。基准课程满足了教学内容的要求，并为教师提供了反馈的机会。虽然整个基于项目的单元是成功的，但还可以做些改变来促进学生的学习。首先，可以使用鱼菜共生表。这对学生会有帮助，因为它可以教授鱼和植物之间的关系，并让学生看到共生关系在现实生活中的实例。第二，可以用 Raspberry Pi 程序和探针来测试鱼菜共生表里的温度、二氧化碳、水分等，帮助学生了解非生物变量如何影响生物成分。第三，学生可以使用现成的电脑游戏（比如 Minecraft 和 Spore）来模拟生态系统和交互作用。这会让课程更吸引学生，让他们在更自如的氛围中运用学到的内容。最后，可以用一台 3D 打印机来演示动物的适应能力，制作用于生态柱中的组件，比如洞穴鱼。虽然这些课程上的变化可能不适合每个班级，也不是必需的，但针对以后的学生，它们确实为调整单元内容提供了一些方案。

探索重力、电力和磁力现象

艾米莉·提格(Emily Tighe),凯莉·普罗费特(Kelly Profitt),
杰西卡·波拉德(Jessica Pollard)

年级:7
单元长度:5 周(每节课 55 分钟)

引言

在这个基于项目的教学(PBI)单元中,学生要完成多个研究来观察重力、电力和磁力的现象,从而回答驱动问题:"怎样才能在不触碰物体的情况下使其移动?"本单元涵盖了下述下一代科学标准(NGSS)中的预期表现、学科核心概念(DCIs)、交叉概念以及科学和工程实践,同时纠正在学习*磁性的概念挑战*一节中讨论的错误概念。

下一代科学标准

预期表现 07-PS2-3

就数据提出问题,确定影响电力和磁力强度的因素。

07-PS2-5

进行一项研究,评估实验设计,提供证据证明:即使不接触,物体之间也存在相互作用力场。

学科核心概念 MS-PS2-3

电力和磁力(电磁力)可以是吸引力或排斥力,其大小取决于所涉及的电荷、电流或磁强度的大小以及相互作用物之间的距离。

MS-PS2-5

作用在一定距离上的力（电、磁和重力）可以用跨越空间的场来解释，也可以用它们对测试物体（分别是带电物体或球）的影响来绘制。

交叉概念

原因和结果

因果关系可用于预测自然界或设计系统中的现象（MS-PS2-3，MS-PS2-5）。

科学和工程实践

提出问题和定义问题

在 6 至 8 年级阶段，提出问题和定义问题是建立在 K-5 小学 5 年级的学习经验和进度的基础上的，具体内容是说明变量之间的关系，厘清论点和模型。

规划和开展研究

进行一项研究，并评估用以生成数据的实验设计，它作为能够满足研究目的证据基础（MS-PS2-5）。

学习磁性的概念挑战

根据 Barrow（1987）和 Borges，Tecnico 和 Gilbert（1998）的研究，儿童理解磁性现象有困难。对一些学生来说，理解起来有困难的概念是：（1）物体不实际接触也可以相互作用；（2）磁铁能够吸引和排斥某些物体（Constantinou，Raftopoulos，& Spanoudis，2001）。Sederberg 和 Bryan（2009）发现学生需要利用想象的空间定向和思维模型的建构来理解诸如物质的微粒性质和动力学分子理论等抽象概念（Sederberg & Bryan，2009）。Gilbert 和 Boulter（1995）和 Boulter 和 Gilbert（2000）也指出建构大脑思维模型的重要性，因为它已经被证明可以让学习者最大限度地将一种现象还原为对自己有意义的因素,使得现象对学习者个人产生了意义。Clement(1991)认为思维模型的建构和反思与日常推理非常相似。在思维模型建构与反思的研究与支持下,学生会运用这一方法来最有效地解决他们的错误概念。

本单元所需材料

- 每个学生的交互式/工程笔记本(每个学生一本;这些笔记本是根据 Young(2002)在线论文中的说明设置的。笔记本每一页的右边用于学生在上课时做笔记,左边用来记录每个学生的预测、数据、结论、问题等。)
  - 投影仪/投影屏幕
  - 电脑/平板电脑/智能手机/笔记本电脑
  - 白板
  - 谷歌幻灯片/Nearpod
  - 柔性塑料吸管(每个学生 10 根)
  - 胶带(每个学生 3~5 英寸)
  - 米尺(每组一个)
  - 相机
  - 回形针
  - 硬币
  - 软木塞
  - 橡皮塞
  - 铝箔纸
  - 牙签
  - 橡皮弹力球
  - 图钉
  - 磁铁
  - 有光泽或金属外观的塑料
  - 便利贴
  - 磁铁棒(每个学生一个)
  - 剪刀
  - 玻璃烧杯(每个学生一个)
  - 磁性和非磁性物品
  - 充磁器(可选项)
  - 风火轮/火柴盒小玩具车(每组一个)
  - 磁铁片(每组 3~4 个)
  - 赛车练习轨道

学习进程

学生需要事先了解什么?

- 磁铁的吸引或排斥。
- 地球引力把一切都吸引向它的中心。
- 平衡/不平衡力和牛顿定律。

学生接下去要学什么?

- 力受到物体质量和物体之间距离的影响。
- 电场产生磁性,磁性能发电。
- 重力势能。
- 化学/工程是如何发挥作用的?
- 设计解决问题(项目)的东西。

希望学生理解什么知识?

- 如何从数据中提出好的科学问题。
- 如何改进问题来提出研究计划。
- 重力。
- 如何使用模型。
- 如何测试设计雏形和重新设计(工程设计过程)。
- 因果关系。
- 什么因素影响磁力、电力和/或重力?

如何判断学生已经学习到了知识?

- 课前测试/课后测试
- 学生关于磁性赛车的工程/互动日志。
- 写作提示:给定一个场景,学生来预测磁力/电力产生的结果。

学生可能提出的子驱动问题

- 汽车的质量如何影响汽车的运动?

- 磁铁的数量如何影响汽车的运动?
- 磁铁的位置如何影响汽车的运动?
- 磁铁的朝向如何影响汽车的运动?
- 吸引力还是排斥力对控制运动的效果更好?
- 怎样才能改变磁铁的强度?

基准课程

基准1:应该如何设计?

对标下一代科学标准 PE 07-PS 2-5,DCI MS-PS 2-5,CC 因果关系,以及科学和工程实践,提出问题并定义问题,规划和开展研究

为了完成这个单元的工程部分,我们希望学生能尽早了解设计过程。我们要求学生完成一项基本的工程任务,即搭建一座吸管塔,并保留一份设计日志。完成任务后,学生通过画廊漫步和课堂讨论活动继续设计过程,加深理解。本课程旨在让学生熟悉设计过程并评估他人的工作。小组目标、评估技术、讨论流程和目标设定都将在本课程中讨论。

引入

根据我们的经验,学生通常认为(1)工程需要大量的数学知识;(2)他们在日常生活中没有工程经验。简单来说,学生并未把自己看成是设计师或者工程师。为了让学生改变这些想法,我们从一个简单的问题开始讨论:"工程师是干什么的?"学生在科学笔记本上进行头脑风暴,随意写下任何工程师可能的特征、工作职位、学位要求,等等。学生完成后,老师就学生所认为的工程师的构成要素引导讨论。根据教室里的设置,此讨论可以在白板上进行,也可以使用数字幻灯片(如 Google 幻灯片或 Nearpod 幻灯片)进行。将讨论记录在白板和/或网站上,供学生日后参考。

探索:工程过程的步骤

让学生观看视频《什么是工程?》(National Science Foundation,2016)并在笔记本上记下他们认为的设计过程的步骤。看完视频后,学生分成小组创建设计过程的顺序表。学生需要定义和解释他们认为每一步需要做什么,然后和同学分享自己的想法。全班都要参与分享想法,并记录在白板或者像谷歌/Nearpod 等的技术页面上。讨论之后,学生观看 Crash Course Kids #12.1 视频《什么是工程师?》(Crash Course Kids,2015)。看完视频后,学生修改他们的列表和笔记,思考设计过程中涉及的步骤来配合以下步骤:

1. 定义问题。
2. 进行你的研究。
3. 制订一个可能的解决方案。
4. 设计自己的解决方案。
5. 创建方案的一个雏形。

6. 测试方案雏形。

7. 评估你的解决方案。

解释

根据设计过程的场景，向学生介绍这项任务（即，只使用给定的材料建造最高的塔：10根柔性塑料吸管、3~5英寸的胶带和一个米尺）。根据设计过程，学生可以使用电子设备（如平板电脑、智能手机、笔记本电脑、电脑）来完成一些关于选定的问题的小研究。我们并没有将这个步骤添加到任务说明中，因为我们想看看学生是否会考虑在过程中使用这个步骤。学生分组合作，在笔记本上设计一个可能的解决方案。老师要给学生限定时间（大约10分钟）。学生必须标注并描述准备使用的搭建过程。鼓励学生尽可能描述得生动。学生在设计过程中，老师在教室里巡视并提出问题。比如我充当的是高塔建设投资人的角色，我就向学生提出有关搭建方案选择、工程设计、希望建成什么等问题。为了增加趣味性或者更有挑战性，我告诉他们资源预算已经被投资方削减，只能用一个施工臂。除了增加挑战，我还鼓励学生参与团队建设技能。课程结束后，允许学生拍摄自己的作品，记录测量的以厘米为单位的高度数据。将此添加到 Google Classroom 或 Nearpod 上的课堂幻灯片中。

详述

学生完成了设计和搭建阶段后，要回顾自己的设计并写下设计描述，解释为什么要按照这个方式来搭建，他们觉得塔的性能如何。我们让每个小组把这个做成谷歌幻灯片向全班展示。学生了解设计过程的每一部分，并解释每一步骤的选择。每组展示后由学生来评估。

评估

在评估过程中，学生看其他同学的设计。他们要评估每个搭建小组的数据，确定与其他组相比自己组搭建的塔的性能如何。然后学生评估自己的设计并加以改进。（这对一些学生来说是一个挑战，因为他们想坚持设计选择，不认为应该做出改变。一定要强调大多数的工程产品都要经过很多轮测试和设计。）

基准2：什么是磁铁？

对标下一代科学标准 PE 07-PS 2-3，DCI MS-PS 2-3，CC 因果关系，以及科学与工程实践中的提出问题和定义问题

在本课中，学生要再次了解磁铁的基本特性。他们分享已有的知识，寻找磁性物体的共同属性来进行定义并和同学分享，用已有的知识来完成写作提示。常见的主题包括什么是磁性材料、磁极和磁场。

引入

用一个谷歌的幻灯课件来引导学生思考他们对磁铁现有的了解。比如提问"它们是什么？""什么使得物体有磁性？""它们是如何被使用的？""它们对日常生活有什么影响？"，以及"有哪些与磁铁相关的词汇？"。引入活动会让学生回想起在现实世界中看到的磁铁的模型。

探索

给学生各种物品，可以用在教室里能找到的任何东西。可能包括的材料如下：回形针、

硬币、软木塞、橡皮塞、铝箔片、牙签、橡皮弹力球、图钉、磁铁、有光泽或金属外观的塑料、便利贴,等等;但是在不同教室里找到的材料可能不同。学生把这些物品按磁性和非磁性分成两堆。此时,先不要给他们磁铁。课程的这一部分针对的学生错误概念是:所有金属都有磁性,以及/或者任何有光泽的东西都有磁性。让学生在笔记本上记录他们的分类。

指导学生讨论哪些物品具有磁性。要求学生在他们归类为磁性的物体之间找到共同属性。学生可能会有不同意见,如果是这样,就利用这个机会让学生学习合作讨论。课堂讨论结束后,让学生回去用磁铁棒重新测试他们的想法。让他们把结果记录在数据表中。继续学习幻灯课件,然后让学生阅读《腊肠狗磁铁》(*The Wiener Dog Magnet*)(Hayes Roberts,2008)。让学生快速写下回答:一个非常有用的磁铁可以是_____。它很重要是因为_____。

解释

完成探索活动后,学生用他们日常生活中使用的磁铁来装饰一个大的折叠磁铁纸,并记录下关于每个物品如何使用磁铁的说明。学生也可以在折叠纸上写下关于磁场、磁畴和材料的笔记。

折叠纸互动结束后,给学生做一个临时磁铁演示。这个演示首先将一对剪刀刀片放入一碗回形针中,然后询问学生将刀片从碗中取出时,他们认为会发生什么。在讨论过程中,解决学生可能存在的任何错误概念。然后,将刀片从碗中取出,并与全班讨论结果。讨论结束后,用一根磁铁棒沿着剪刀刀片向下移动,使刀片暂时磁化。再次询问学生他们认为会发生什么(回形针应该粘在刀片上)。然后将剪刀刀片放入回形针碗中,然后再拿走刀片。和全班讨论发生的现象。用这个现象来深化关于磁极的讨论。在演示过程中,讨论所有金属物品都具有磁性的错误概念。最后,学生观看一段关于磁铁的短片(约15分钟)(Disclose Education,2014)。

详述

磁性交互动画(Magnetism Gizmo)(ExploreLearning,2015)是一个在线实验室项目,它让学生用不同的磁铁和位于不同位置的磁极来操控铁屑。通过这个活动向学生介绍磁场,以及如何根据磁场的形状来预测磁铁的哪些磁极彼此相对。

评估

关于磁铁词汇和概念的小测验

基准3:是什么影响磁力?

对标下一代科学标准 PEs 07-PS2-3 和 07-PS2-5,DCIs MS-PS2-3 和 MS-PS2-5,CC 因果关系,科学与工程实践中的提出问题和定义问题,以及计划和开展研究

收集不同类型的磁铁或磁性情况的数据。深化和提炼问题(学生提出潜在的子驱动问题)

引入:北极光/水中的磁铁

向学生展示一张北极光的图片,提问他们它是什么以及它与磁铁有什么关系。然后提出以下问题:如果把磁铁放在水里,你对磁铁的了解是否还成立? 然后开始讨论是什么影响

了磁铁之间或者磁铁和磁性物体之间的力。讨论后,让学生进行研究。这不是正规的研究。学生需要一个装有水和金属物品以及磁铁的玻璃烧杯。让学生研究并讨论他们注意到了什么。

探索

根据可用的材料创建磁力站。学生去不同的磁力站研究磁铁的属性和影响磁力的情况。

磁力站想法:

- 铁屑和不同磁铁(Gizmo)
- 静电——使用气球和铝箔纸。
- 不同类型的磁铁能吸附多少颗回形针?
- 拥有不同线圈数的电磁铁。
- 有电线和磁铁的电池。
- 马达/发电机。

说明:实验室记录

让学生在他们的互动/工程笔记本中保存一个数据表,其中包括观察结果和所有定量数据。使用这些数据来核对检查学生的数据收集能力,并引导他们讨论注意到的问题,内容取决于根据现有材料选择了哪个磁力站。

详述:设计介绍(里程碑1)

学生设计一辆赛车,他们要决定在赛车的哪个位置放置磁铁能最有效地帮助"驾驶"赛车。学生不能触碰赛车的磁铁。他们要决定是用斥力推动汽车还是用引力拉动汽车。学生按两到三人一组来深化他们的设想,计划一个流程,设计并在轨道上测试赛车。

我们加进了一个关于自变量和因变量的小课程。学生必须在开始他们的制作之前确定这些变量。一旦提出了一个方案,学生必须解释为什么他们选择了这个设计。这个解释需要包括他们对磁场以及使用磁铁所涉及的磁力的理解。可以让学生摆弄这些物体,这样他们就能理解这些东西是如何工作的。

实验的材料包括但不限于以下物品:风火轮/火柴盒车(每组一个)、磁铁片(每组三到四个)、胶带和磁铁棒。请注意,如果打算大量使用磁铁,那么学校可能要买一个充磁器。我们发现所用的磁铁在整个单元进程中失去了一些磁力。

评估:Kahoot 活动

为了确保学生掌握了核心内容,我们在这个时候用 Kahoot(Kahoot,2016)做了一个小测验。Kahoot 是一款在线问答游戏,学生可以单独、结对或者分组使用电子设备回答问题,类似于智力竞赛节目。

基准4:磁力车竞赛(里程碑2)

对标下一代科学标准 PEs 07-PS2-3 和 07-PS2-5,DCIs MS-PS2-3 和 MS-PS2-5,CC 因果关系,科学与工程实践中的提出问题和定义问题,以及计划和开展研究

学生展示研究的数据,并将数据与如何调整赛车上的磁铁建立关联。这个单元里的各

部分都是在同一时间段内完成的。它们相互关联,但学生不需要按顺序来完成学习。

引入:关于电磁铁的视频片段

学生观看关于电磁铁的视频(Techquickie,2016)。这个视频向学生介绍更多磁铁和电磁铁的日常使用。

探索

学生完成他们的设计并在轨道上进行测试。这项任务大约需要 2 天,取决于有多少测试轨道和学生小组。学生要完成至少三次测试。测试数据被记录在谷歌表格中,然后将数据转换成一个图表,以查看各学生小组在不触碰汽车磁铁的情况下跑完赛道目标的情况。

解释

学生阅读了解磁铁如何用于指南针上。

详述

让学生完成实验的数据收集部分。在做的时候,继续提问学生是否有办法改进赛车的设计。我们的学生在谷歌幻灯片上完成了他们的实验记录。使用电脑可以让他们在收集数据时做一些研究。许多学生意识到有一种特定的方式来"驾驶"赛车能获得最佳的效果。学生需要对他们的赛车进行评估,并提出第二设计方案。这项评估应该包括为什么改变了赛车的设计,还包括引用有关磁场和磁力的信息。

评估

为赛车设计举办一次画廊漫步,让学生谈论哪些设计有效,哪些无效。利用学生在实验报告中的图表来比较全班的数据。让学生使用观点、证据、论证技巧,决定哪个设计最有效,并引用全班数据中的具体数据来支持他们的观点。然后,他们需要用磁场和磁力的知识来解释为什么自己的观点是正确的。

基准 5:重力

对标下一代科学标准 PE 07-PS2-5,DCI MS-PS2-5,CC 因果关系,以及科学和工程实践,提出问题并定义问题,规划和开展研究

本单元的重力部分要求学生在磁力站工作约 3 ~ 4 天。下面列出了每个站点和包括的物品清单。

引入:重力实验

学生称自己的体重或估计体重,然后计算出他们在不同行星上的体重。然后他们做一个立定跳远并测量距离。他们要完成五次试跳,得到数据的平均值。用平均值来计算在其他行星上能跳多远。这就引出了关于重量和质量区别的讨论。

探索:为什么人们不会从地球的另一边掉下去?

学生阅读关于重力和重力对地球上人的作用力的内容。这篇阅读内容还阐述了一个概念,即随着两个物体的质量或它们之间的距离的变化,引力也随之变化。这是本单位的一个关键概念。

解释

讨论牛顿万有引力定律的概念,以及质量与力、距离与力的关系。

详述

学生观看关于重力的视频并完成谷歌表格。我们使用谷歌教室（Google Classroom），让每个学生按照自己的进度完成任务。他们可以根据需要开始和停止视频播放来完成小测验。

评估

学生使用 Gravity Pitch Gizmo（ExploreLearning，2015）来进行互动。这个交互动画可以让学生观察轨道，并将重力知识应用到轨道上。它切入了六年级的标准，详细说明了要掌握的知识。学生利用在虚拟实验中收集的数据来分析质量和轨道之间的关系。

形成性和终结性评估

本单元先做学前评估。在课程中包括了一些小的形成性评估。本单元的终结性评估包括磁力车的建造和测试，以及学生对各自初始项目的分析、重新设计和展示。此外还要进行课后评估（与学前评估完全一样），并记录数据。

实际的学生项目

子驱动问题的子研究问题（学生提出的问题）

学生提出了许多子驱动问题下的子研究问题。一些子研究问题包括：

- 什么能更有效地控制：用更多的磁铁还是用磁性更强的磁铁？
- 把不同的物体放在牵引磁铁和汽车之间会更容易控制吗？
- 哪一种更适合赛车道：引力、斥力，还是这两种力的组合？
- 把磁铁堆起来有可能获得更强的磁力吗？
- 汽车的质量是否影响结果（如果使用的磁铁组合和磁铁位置都相同的话）？

研究和数据收集方法

定性数据是通过照片、不限时测试和试验以及磁力探索来收集的。定量数据在限时试验中收集并记录。每组使用一个 iPad 秒表来测量赛车跑完以下每条赛道一圈所需的时间（秒）：（1）一个椭圆形的练习轨道和（2）一个弯曲的挑战赛道，包含比如玩具马，拖拉机和景观等障碍物。如果赛车意外偏离轨道或撞上障碍物，则必须从头开始。学生在科学笔记本上（根据老师的要求，可以是在线的，也可以用作业本）记录数据。

数据分析

学生的数据分析包括但不限于以下问题:

- 你的数据意味着什么?
- 你的发现是什么?（你学到了什么?）
- 你的实验中有什么错误或问题?
- 下一次如何改进实验以减少错误或问题?

大多数学生得出的结论是不触摸物体就很难移动它。他们发现很难在汽车的质量、汽车磁铁与牵引磁铁的距离,以及多个磁铁组合的磁场之间找到平衡。

大多数学生都同意如果再做一次这个实验,他们会用更多的练习轨道。他们先制造自己的赛车,然后轮流在实际轨道上测试,所以很难在规定的时间内修改练习轨道的设计。此外,课时短还意味着大多数小组必须在每天结束时拆卸汽车。学生报告说这增加了设计的不一致,因为他们可能不是每天使用完全相同的磁铁。

数据陈述

学生用表格整理数据。学生小组就试验次数提出计划,记录各自方案的定性数据,记录定量数据（即汽车绕跑道行驶所需的时间;示例见图8.11）。

试验	时间(秒)	力的种类
1	3秒	引力
2	4.3秒	引力
3	3.7秒	引力

图8.11 学生样本:同时记录定性和定量数据的数据表

图形/图表/模型和/或技术生成的视觉效果

学生通过谷歌幻灯片进行合作,陈述各自的问题、过程和发现。所需的图形包括数据表（见图8.12）,图形（见图8.13）和设计的图片（见图8.14）。一些学生使用谷歌表格收集数据并生成图表,而另一些学生则使用图表网站。也有人还是喜欢创建一个手绘图形,然后拍照上传演示。

试验	秒
1	17
2	17
3	16

图8.12 学生样本:测量一辆车在一个赛道上进行三次不同试验所花时间的数据表

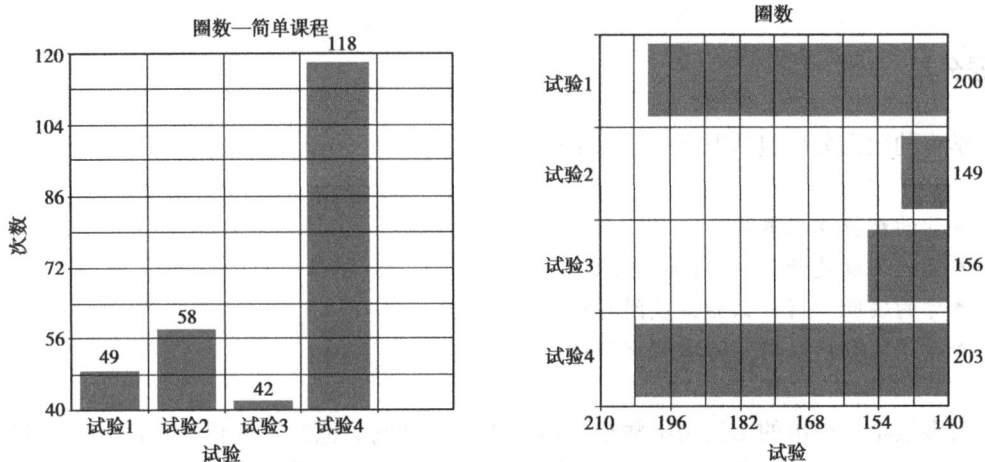

图 8.13　学生样本：根据学生数据表中记录的数据生成的图形

图 8.14　学生小组设计的磁铁赛车图片

结果和结论

学生研究结果和结论的重点包括但不限于以下内容：

- 重新表述你的假设。
- 你的数据支持你的假设吗？
- 你的实验有什么局限性？
- 你在实验中学到了什么？
- 根据数据/发现，你能进一步提出什么研究问题？

大多数学生的结论是：不触摸物体是很难移动物体的。他们发现很难在使用汽车的质量、汽车磁铁与牵引磁铁的距离和磁场之间找到平衡。

　　学生提出了跟进问题并将其添加到问题墙上（Teaching Ideas，2015a）。问题墙调查可以用作本单元的扩展。如果问题纯粹基于研究，学生可以使用谷歌幻灯片来展示他们的研究。学生也可以设计自己的工程/设计实验作为扩展。同样也可以向全班展示他们的结果。

跟进问题

　　学生的跟进问题包括：利用磁场和重力场移动物体有哪些应用？工程师如何计算和控制过山车和磁悬浮列车的磁力和重力？在过山车运行中，当乘客的质量每次都有很大的不同时，运行所需的速度和力会有多大的变化？

联接化学和生物：我们吃的食物怎么了？

杰西卡·波拉德(Jessica Pollard)和凯莉·普罗费特(Kelly Profitt)

七年级
单元长度：大约 3~4 周(60 分钟的课程)

引言

能量是贯穿七年级科学课堂的一个交叉概念。在"联接化学和生物"单元中，学生要探索物质和能量在生物体和生态系统中循环的方式。学生要了解食物提供给他们生长所需的物质和能量，因此本单元的驱动问题是：我们吃的食物怎么了？ 本单元使用两个基本的化学概念：质量守恒定律和能量守恒定律，为解释生物化学过程提供了背景，生物化学过程的例子有光合作用、消化、食物网及生态系统中外部污染物的生物放大作用等。

在完成了以物质守恒和化学变化证据为核心概念的 CRESTES 化学单元后，我们认为学生应该将这两者连接起来：一是理解化学反应和系统中化学变化的证据，二是理解和建模自然系统(即身体系统、生态系统等)中物质和能量守恒以及化学变化证据。这个单元可以让学生有机会观察生物体、包括他们自己身体的内部，并在一个更开放的系统中研究能量和物质的循环。此外，学生还要把目光投向外界，观察环境中物质和能量的循环。

我们希望确保学生了解他们自身消耗的能量来自哪里，以及能量是如何在身体里传递的。学生对从食物中获得能量的数量有很大的误解(见文献综述)。我们希望尽早地澄清这个误解，这样学生就可以把能量流和以后的课程联系起来。本单元的主要项目与第 5 课配合。这个项目让每个学生设计并模拟消化系统中的一个器官。然后他们用自己的模型来进行实际的食物加工(表 8.3)。

表 8.3　本单元涵盖的下一代科学标准预期表现

预期表现	预期表现的解释
MS-LS1-6	根据光合作用在物质循环和生物体能量摄入和流出中发挥作用的证据，建构一个科学的解释
MS-LS1-7	建立一个模型来描述食物是如何通过化学反应重新排列的，形成新的分子，在物质在生物体内传递时维持生长和/或释放能量
MS-LS2-1	分析和解释数据，为在生态系统中资源可利用性对生物和生物种群的影响提供证据
MS-LS2-3	建立一个描述生态系统中有生命和无生命部分之间物质循环和能量流动的模型

续表

预期表现	预期表现的解释
MS-LS2-4	建构一个由经验证据支持的论点,即生态系统的物理或生物成分的变化会影响种群

注:本表中的数字是从卡罗莱纳生物供应公司(Carolina Biological Supply Company)获得这些物资的项目编号

下一代科学标准的预期表现

科学和工程实践

开发和应用模型

6 至 8 年级的建模基于小学 5 年级的经验知识和进度基础之上,通过逐步开发、使用和修改模型来描述、测试和预测更加抽象的现象和设计系统。

- 建立一个描述现象的模型(MS-LS2-3)。
- 建立一个描述不可观测机制的模型(MS-LS1-7)。

建构解释和设计解决方案

6 至 8 年级的解释建构和解决方案设计,是建立在 K–5 小学 5 年级的经验知识之上的,包括逐步建构解释和设计解决方案,并用符合科学知识、原理和理论的多种证据来源予以支撑。

- 构建一个科学的解释,必须基于从来源(包括学生自己的实验)获得的有效且可靠的证据,基于描述自然世界运行的理论和定律的假设,并且这些理论和定律在过去、现在和未来均成立(MS-LS1-6)。

学科核心思想

LS 1. C. 生物体内物质和能量流动的构成

- 植物、藻类(包括浮游植物)和许多微生物利用光的能量从大气和水的二氧化碳中通过光合作用产生糖(食物),光合作用也释放氧气。这些糖可以立即被利用,或者被储存起来供给生长或以后使用(MS-LS1-6)。
- 在单个生物体内,食物通过一系列的化学反应并在其中被分解和重新排列,形成新的分子,支持生长,或释放能量(MS-LS1-7)。

LS 2. A. 生态系统中的相互依存关系

- 生物和生物种群依赖于它们与其他生物和非生物因素在环境层面的相互作用（MS-LS2-1）。
- 在任何生态系统中，对食物、水、氧气或其他资源有类似需求的生物和种群可能会为了有限的资源而相互竞争，从而限制它们的生长和繁殖（MS-LS2-1）。
- 物种和种群的增长受到资源获取的限制（MS-LS2-1）。

LS 2. B. 生态系统中的物质循环与能量转移

- 食物网是一个模型，它展示了物质和能量是如何在生产者、消费者和分解者之间转移的，因为这三个群体在生态系统中相互作用。进出物理环境的物质转移发生在各个层次。分解者将死去的植物或动物物质中的养分循环回陆地环境中的土壤或水环境里的水中。构成生态系统中生物的原子在生态系统内的有生命和无生命部分之间反复循环（MS-LS2-3）。

LS 2. C. 生态系统的动态、运转和弹性

- 生态系统在本质上是动态的；它们的特性随时间而变化。对生态系统任何物理或生物组成部分的破坏都可能导致其所有种群的变化（MS-LS2-4）。

PS 3. D. 化学过程和日常生活中的能量

- 植物产生复杂食物分子（糖分）的化学反应需要能量输入（即来自阳光）才能发生。在这个反应中，二氧化碳和水结合形成碳基有机分子并释放氧气（*MS-LS1-6 之下*）。
- 植物和动物的细胞呼吸与释放储存能量的氧发生化学反应。在这些过程中，含有碳的复杂分子与氧反应生成二氧化碳和其他物质（*MS-LS1-7 之下*）。

交叉概念

原因和结果
- 因果关系可用于预测自然的或设计系统中的现象（MS-LS2-1）。

能量与物质
- 物质是守恒的，因为原子在物理和化学过程中是守恒的（MS-LS1-7）。
- 在自然系统中，能量的传递驱动物质的移动和/或循环（MS-LS1-6）。
- 当能量流过自然系统时，可以跟踪能量的转移（MS-LS2-3）。

稳定与变化
- 一个系统里一个部分的小变化可能会导致另一个部分的大变化（MS-LS2-4）。

文献综述

在学习本单元之前,我们的学生已经了解了能量的定义以及能量如何从一种形式转换到另一种形式。但他们确实很难将已经了解到的知识应用到生态系统的能量流动中。根据哈佛教育研究生院(Harvard Graduate School of Education)(2008)的研究,学生需要了解生态系统是一个复杂的系统,包含单个生物、生物的周围环境、生物之间以及生物与其环境之间的相互作用。同样重要的是,学生要知道什么是生物、种群、物种和群落,以及它们在生态系统中如何合作和结合。他们还需要了解生态学的各方面知识,例如能量转移、物质循环、分解原因、共生和相互关系,以及生态系统的平衡和变化问题(Harvard Graduate School of Education,2008)。其他重要的主题还有呼吸、气体交换、通过食物网的能量转移、光合作用以及太阳作为恒定能源等。起初,学生趋向于认为一件事直接导致另一件事,他们通常只关注明显的变量而忽略不太明显的变量(Harvard Graduate School of Education,2008)。由于生态系统是一个非常复杂的系统,包含许多明显的和不明显的变量,因此需要帮助学生抛弃这种简单的线性思维,采用更复杂的思维方式,以便理解生态系统的上述方面内容(Fries-Gaither,2016)。还有一些学生共通的错误概念也需要纠正,比如认为食物链/金字塔顶端有更多的能量(Fries-Gaither,2016)。必须纠正的其他常见错误概念还包括:(1)食物网是简单的食物链;(2)由于人类的活动,比如养殖食草动物,食草动物(草食动物)比食肉动物(肉食动物)多;(3)食物链不涉及生产者;(4)分解者将能量循环给植物;以及(5)肉食动物比草食动物拥有更多的能量(Fries-Gaither,2016).

本单元所需材料

- 科学笔记本[这些笔记本是根据 Young(2002)在线论文中提供的说明来设置的]。笔记本每一页的右边用于教师上课时学生做笔记,左边用来记录每个学生的预测、数据、结论、问题等。
- 纸
- 钢笔/铅笔
- 记号笔/彩色铅笔
- 公告板
- 关于非生物因素(如阳光、水分、气体)数据的卡片
- 投影仪/屏幕
- 电脑/笔记本电脑/平板电脑
- 谷歌教室和谷歌表格
- 彩色的食物金字塔材料卡(如水果、谷物、肉类等的图片)
- 骰子

- 周期表
- 食物网卡片（比如一级消费者、二级消费者等）
- 杯子
- 水
- 红珠子
- 胡萝卜（足够上课用）
- 香蕉
- 薄脆饼干
- 食用色素
- 封口塑料袋
- 裤袜
- 漏斗
- 剪刀
- 消化酶（Flinn Scientific，2018；或使用健怡可乐代表胃酸，热带水果饮料代表胆汁，红色食用色素代表蛋白酶，含有绿色食用色素的水代表淀粉酶）
- 消化系统器官模型（由学生设计）

学前评估

在本单元开始之前，通过绘制食物网模型来评估学生的生态系统知识。为了做到这一点，学生要将生态系统中尽可能多的部分贴上标签，并用标签标注能量通过食物网传播的方向。这样可以帮助了解学生已经熟悉的词汇。在一开始让学生把已知的关于能量如何传递的知识和他们联接生物化学单元学到的知识联系起来是很重要的。记录下错误的概念，并在接下来的基准课程中加以解决。

必须承认这种"学前评估"是形成性的，而它提供的信息也极其有限。为了减少这种限制，可以增加有关食物网的问题。具体来说，这些问题可能涉及光合作用所起的作用，不同层次的营养需求（例如，长颈鹿的需求与蚱蜢的需求有何不同，为什么不同；或者，一个生物需要消耗多少能量才能生存），化学反应（例如，化学反应发生在哪里，你如何知道），物质和能量（例如，物质守恒在哪里，能量储存在哪里，有什么证据支持这种说法），以及污染物（例如，如果污染物被带到环境中会发生什么）。

另一种方案是，学生可以在第一天创建他们的食物网，并讨论光合作用的作用。随着单元的进行，他们可以在每节课后回到自己的食物网进行修正。这些修改可以按课程用颜色编码，显示哪些课程可以纠正学生的哪些错误概念。这也让学生通过回答在每节基准课开始和/或结束时设置的问题或者形成性评估问题，在已有的知识上增加新的想法。

我们在单元进行时将重点放在用 5E 方法呈现信息。我们希望确保学生使用 5E 方法来解决驱动问题（我们吃的食物怎么了？）和子驱动问题。子驱动问题如下：

1.我们(活着的生物)从哪里获得生长和运转所需的物质和能量?

2.物质和能量如何在生态系统中分散和储存?

贯穿这个单元,我们创建了一个"问题墙"(Teaching Ideas,2015b),学生可以在这里张贴他们的问题。这可以是一个物理空间,比如公告栏,或者是一个让学生可以继续探讨想法和问题的"停车场";它也可以是一个数字化空间,学生可以在那里写下想法,以便日后扩展,提出问题,或者对课程中的重要内容发表评论。这个提问的空间很重要,它为学生提供了提出自己问题的途径和机会。这些问题可以作为学生提出的子驱动问题(或者子驱动问题下的子问题)用于基于项目的单元(设计和建模消化器官)。然后,学生用其中一个问题生成一个在谷歌幻灯片上展示的研究项目,作为单元最终评估的一部分。将幻灯片按类别编成一个演示文稿后,学生还可以看到有关本单元中广泛问题的多角度答案。

基准课程概述

第 1 课:光合作用

对标下一代科学标准 NGSS LS1.C,MS-LS1-7,LS2.A,和 PS3.D

第 1 课允许学生用自己熟悉的方式来思考能量的产生:植物(即他们很早就学习过的光合作用,重点是植物在制造食物)。我们把这些已有的知识连接到能量上。当学生了解到能量既不能被创造也不能被毁灭时,他们就更愿意通过生态系统来理解能量的"循环"。学生观看一棵树如何获得质量(Science and Plants for Schools,2018)的课件,开始了解能量、质量等是连接在一起的。此外,学生在化学单元(CREATES)的基础上,通过寻找化学反应发生的证据,识别光合作用中的化学物质,平衡光合作用的化学方程式,将化学知识与光合作用过程联系起来。

第 2 课:生物和能源

对标下一代科学标准 NGSS LS1.C 和 PS3.D

在这节课中,学生将把已经学过的有关光合作用能量的知识应用到其他生物中。这为学生提供了关于生物如何获得能量的背景知识。用提前准备的幻灯片向学生展示不同的生物,如狗、松鼠还有初中学生以不同的方式获得能量。在整个课程中,学生要观察一个生物从哪里获得能量,如何依赖其所在生态系统中的其他生物。这就是创建项目模型的基础。学生要能基于六年级的知识,即生态系统的原始能量来源是太阳,在这一课结束时进一步识别各种生物的主要食物来源。

第 3 课:能量守恒

对标下一代科学标准 NGSS LS2.A,MS-LS2-1,LS2.B 和 LS2.C

第 3 课让学生将已经学习过的生物如何获得食物的知识应用到能量如何通过所属生态系统转移的知识学习中。生态系统是六年级的课程内容,但课程只教授了不同层级的组织和生物如何获得食物(生产者、消费者等)。现在我们已经完成了从食物到能量的知识跳跃,学生就可以开始追踪能量是如何在生态系统中从一处转移到另一处。学生要解开一个食物网之谜(Mosa Mack Science,2016),他们要确定青蛙弗兰克在"呱呱"叫之前从哪里获取食物。他们还要观察生态系统,研究不同的因素如何影响生态系统的层级以及在这些层级内的生物。我们继续关注食物网中的能量传递,这样学生就可以将他们学到的知识应用到课程的建模活动中。

第 4 课:水俣病

对标下一代科学标准 NGSS LS2.A,MS-LS2-1,LS2.B,MS-LS2-3,LS2.C 和 MS-LS2-4

在这课里,学生需要建立一个生态系统中的能量转移模型的背景知识。他们还要了解物质不能被创造或者被毁灭。为了学习这一点,我们用日本水俣湾 20 世纪 50 年代的情况为例。让学生了解这场悲剧,然后用了解到的来模拟这个城市的市民是如何患病的。老师用谷歌幻灯片来上这一课。本课程以一个模拟活动结束,活动演示了污染物如何破坏该地区的生态系统并导致人类患病。通过了解能量如何在生态系统中移动,学生能够掌握汞的浓度如何沿着食物链向上移动时增加的知识。他们还要学习 10% 规则,即食物链中只有 10% 的能量从一个营养级传递到下一个营养级。

第 5 课:消化——从食物到粪便

对标下一代科学标准 NGSS LS1.C 和 MS-LS1-7

在最后一节课中,学生将化学单元(CREATES)中学到的知识与生物化学单元的知识结合起来,探索身体中的化学反应。这节课让学生了解从开始进食到在体内完成的过程,看看食物是如何被分解和吸收的。这个内容很好地接续到下一个细胞单元。学生能够了解自己的身体如何获得和使用能量。了解了自己的身体在生态系统中对能量的处理,他们就能够将这个知识应用到人类的身体。由于学生都生活在一个生态系统的示例中,所以这些知识的学习都是整合在一起的。一旦学生掌握了系统是什么,我们就将这些知识应用到不同的示例中(例如非洲平原、日本海湾或人体等大的生态系统)。

这个生物化学单元(在学前评估之后)引入了看似独立的主题,因此"引入"部分就不仅限于单元的开始,而是安排在每个新概念或主题的开始部分。

视频《生物化学简介》(Gregorio,2014)定义了生物化学,从宏观和微观视角展示了生物中化学的相互作用。在 CREATE 化学项目教学单元中,我们已经学习和关注了宏观和微观差异,因此我们认为将这一概念引入这个单元也很重要。这个单元从一个更"微观"的视角开始,关注光合作用和光合作用背后的化学反应。然后再进入一个更"宏观"的视角(即研究食物网和整个生态系统)。介绍消化时,课程又回到了"微观"的视角。

基准课程 1:光合作用

引入

给学生的问题:木材从何处来?(Science and Plants for Schools,2018)除了这个问题之外,不给他们任何提示。在日志中,学生可以自由地写下他们能想到的所有可能的答案,其中许多答案非常有创意。但根据我们的课堂经验,在大部分的答案中,学生认为树木的质量来自土壤。这是一个常见的错误概念,我们在谈到光合作用背后的实际化学反应时会解释这个误解。在这部分讨论中,我们使用了思考——配对——分享的课堂设计。学生有 5 分钟的时间记下自己的想法。然后和同桌搭档一起讨论 5 分钟,最后全班同学一起讨论。

探索

木材从何处来?(Science and Plants for Schools,2018)本课是从学生提问探究到科学史探究的一个精彩环节。学生研读一篇日志,内容是关于扬·巴普蒂斯塔·范·海尔蒙特(Jean Baptiste van Helmont,1580-1644)做的一个实验。学生阅读日志中关于实验和发现的内容,就一棵树的质量从哪里来提出假说。然后把学生分到各个小组,每个小组都有一张不同的卡片。他们要研究有土壤、水分、阳光、气体或其他某一变量数据的卡片,并讨论与变量相关的实验。然后学生通过思考、配对和分享来回答自己的问题,并找出实验中的其他变量。在小组、专家组、混合组和全班讨论之后,我们播放了视频"树木的质量从何而来?"(Veritasium,2012)。这段视频为在全班讨论哪些假说得到了支持、哪些没有得到支持奠定了基础。

解释

接下来,学生要完成一些阅读和实验模拟。首先,他们阅读两本不同的书里的光合作用。这些阅读资料提供了完成下一节课所需的信息。我们对这一部分的评估进行了区分。针对希望接受挑战的学生,我们会在阅读和扩展所学内容时问他们所学概念的应用问题。针对可能需要更多的时间来理解内容的学生,我们会用提问来确保他们理解了阅读中涉及的词汇和概念。

然后,学生要完成一个虚拟实验(ExploreLearning,2016)任务:首先通过阅读、然后通过调整光合作用交互动画(ExploreLearning,2016)上的变量来研究光合作用的化学过程。学生通过控制诸如光强度、二氧化碳水平、光波长、温度等变量来测量氧气的产生速率。我们要讨论涉及的化学式，复习并聚焦 CREATES 单元的内容。在讨论增加还是减少光强度等问题时，向学生介绍限制因素的概念。这对讨论生态系统及其影响因素很重要。这个虚拟实验还有一个拓展，涉及光波时，我们会讨论这个拓展内容，因为虚拟实验的第二部分涉及植物接触到的光的颜色。

详述

我们用谷歌教室完成下一个活动。学生阅读文章《为什么人类的生存离不开阳光》（Readworks，2015）。这篇文章之所以有趣，在于它讨论了光合作用的化学过程以及为什么人类不能单靠阳光生存。这就开启了关于不同生物体不同形式的能量从何而来的讨论。学生用谷歌表格回答跟阅读内容有关的问题。通过这一点，学生了解光合作用的过程，光合作用如何给植物提供能量（以及质量），光合作用涉及的化学知识，限制因素是什么，以及限制因素如何影响光合作用的速率。

评估

学生要完成一个关于区别前面所述概念的测验。测验内容包括基本词汇、化学概念和与能量转移相关的拓展问题。此外，学生要在第一天制作一个食物网和食物链，之后要用不同颜色的笔来修改之前的错误。在整个单元里他们都要这样做，并记下笔记。

基准课程 2：生物与能量

引入

用谷歌幻灯片课件来引导学生思考并讨论生物从何处获得能量，鼓励学生提出自己的问题（可供后面的研究使用）。这个课件演示针对的是居住在比较城市化的地区的学生，询问他们不同的生物（松鼠、狗、人等）从哪里获得能量。

探索

学生通过研究青少年的营养需求，了解能量和物质是如何在一个系统（即青少年身体）内转移的。学生要解释摄入过多或过少卡路里意味着什么。他们要确定影响青少年卡路里建议需求量的变量。学生观看分析人体营养的视频（Standard Deviants Accelerate，2014）。这个视频涵盖了消化、糖分、加工的食品、新陈代谢、卡路里、营养素和个人选择的后果等主题。这些主题共同为学生在单元学习中的投入以及他们个人的健康选择奠定了基础。

解释

作为对个人选择和营养决策的跟踪,要求学生跟踪自己的食物和饮料摄入量以及 24 小时的运动。这个活动可以作为周末活动。许多学生可能不愿意这样做,但可以向学生保证只有他们愿意,我们才会分享这些内容,这种保证会让学生愿意参与。

附注:我们与附近大学的一位教授合作,请她担任我们的项目教学单元专家。在单元实施期间,她将和我们分享消化过程的微观和宏观图片。

详述

学生玩一个游戏,叫"营养游戏"。这个游戏是我校一位实习老师凯拉·科耐特(Kayla Cornett)设计的。

"营养游戏"游戏规则

- 首先,将卡片洗牌!(卡片有不同颜色,上面有食物金字塔上的食物图片,例如水果,一份;奶制品,一份;或者啊哦,甜食! 两份——退回一格。)
- 掷骰子向前进。每次掷骰子时抽一张牌。
- 如果你抽到一张卡片,它让你那一组食物超过了当天的分量,那么你就要弃牌并后退一格。(你可能会后退不止一格,这取决于你抽到的牌。)
- 如果你抽了一张"啊哦"卡片,不管它让你退多少格,你都要退回去,然后弃牌。
- 如果你抽到万用卡片,在你走到最后一格之前,你可以用它交换其他玩家在游戏的任何一点上的卡片。
- 除非你在每个食物组的目标范围内,否则你不能进入"完成"那一格。你要一直抽,直到你完成为止。
- 除非你符合以下每个食物组的规定分量,否则你无法到达终点并获胜。
- 甜食:0~1 份
- 乳制品:2~3 份
- 蛋白质:2~3 份
- 蔬菜:3~5 份
- 水果:2~4 份
- 谷物:6~11 份
- 你必须保持在规定分量范围内才能完成比赛并获胜。

评估

学生在食物日志(在本课的解释部分创建的)中写一段关于过去的锻炼和营养的反思。

具体来说，他们根据从久坐到活动的程度对过去的活动进行评分（基于阅读材料 Coleman，2018；这篇文章描述了三个活动级别：久坐、适度活动和运动员水平的活动）。一旦给自己打分，就要根据活动评分为自己制订一个适当的膳食计划。这一计划将包括食物金字塔上每一类食物的适当分量，确保在一天内获得均衡的饮食。他们要证明膳食计划是合理的，并与以前的食物摄入量进行比较，记下差异。

基准课程 3：能量守恒

引入

用 Mosa Mack 食物网游戏（Mosa Mack Science，2016）的一段短视频向学生介绍青蛙弗兰克遇到的问题（即：它很难找到食物），要学生来解决这个问题。提示学生要复习之前在六年级学习的知识和大量的关键词汇，包括肉食动物、初级消费者、次级消费者和生产者。学生在六年级的科学课上学习过这些基本概念，但是本单元拓展了学生的知识，包括食物网（而不是食物链）和系统中污染物的影响。最后向学生介绍"杀虫剂"的引入如何影响了分解者，并继续影响温带森林生态系统中的生产者和消费者。学生通过视频介绍和一张温带森林中食物网的卡片来解决这个难题。

探索

利用食物链交互动画（ExploreLearning，2016），学生研究一个由鹰、蛇、兔子和草组成的生态系统。他们在能量级上对种群大小进行实验，直观地反映生态系统能量级平衡和不平衡时的情况。学生可以模拟疾病、干旱和其他可能影响生态系统的自然变量。这个实验还引入了一些主要的干扰因素，比如第 4 课中的水俣湾实验活动中学生看到的。这个实验让学生思考重大现象是如何影响一个庞大的种群和生态系统的。

解释

学生阅读一篇题为《生态金字塔》（Readworks，2015）的文章。文章向学生介绍了需要了解的关于生态系统中不同能量级的背景知识。它区分了关键词汇，如生产者和消费者，还引入了生态系统中能量损失的概念。学生了解到生物消耗的大量能量会因为体内加工和热量损失而"流失"到环境中。

详述：通过生态系统的能量（跨学科数学课）（Teach Engineering，2018）

学生要计算生态系统中传递的能量。他们要计算维持不同能量级的生物所需的物质，并解释物质和能量是如何通过系统循环的。

评估：学前/课后评估

学生绘制并标记食物网模型。模型必须包含显示能量流动方向的箭头。教师要解释能量如何在生态系统中转移/转化，以及物质如何在生态系统中转移/转化。本课的评估是形成性的，在互动的科学笔记本（Young,2002）中进行。学生交换笔记本，用笔在其他同学的食物网上画图或加批注。其他同学用笔改错或提问并反馈意见。

基准课程 4：水俣病

引入

我们使用一组原有的谷歌幻灯片来上这一课。开始上课时，分组提问学生并提示引导他们。这些问题/提示包括但不限于：什么是能量守恒定律？质量守恒定律的主要原理是什么？物质和能量有什么区别？什么是生态系统？以下哪项不是生态系统的例子？什么是物质循环？举一个例子说明物质是如何在生态系统中分解的；举一个例子说明能量是如何在生态系统中被保存的。学生可以用多种方式回答这些问题（如谷歌表格、举手等）。

用提问对概念进行复习后，教师回顾本单元的理据和 PBI 单元的子驱动问题（（1）我们（活着的生物）从哪里获得生长和运转所需的物质和能量？（2）在一个生态系统中，物质和能量是如何分解和被保存的？），然后对课程做一个简要介绍。学生随后观看一段有关水俣湾的视频（Muizainal,2009）；这段视频介绍了日本水俣湾的污染历史和后果。视频里包含了水俣病患者的图像。视频可能会让一些学生感到不安和害怕，可以提醒学生，他们可以低头只听，不用边听边看。由于视频内容的惊悚，再加上一家化工厂对周围居民造成的后果的严重性，肯定会很吸引学生。

探索

学生通过幻灯片了解水俣病的突出症状，在元素周期表上标注出污染元素，将它们与周围元素进行比较，对污染进行推断，就汞是如何扩散到人身上提出假设。

解释

学生之后用分类卡片来展示水俣湾生态系统中存在的基本食物网。然后标出生产者、初级消费者、次级消费者等。扩展食物网，将显示生态系统中能量和汞流动的箭头包括在内。

详述:水俣病实验

学生模拟日本水俣湾生态系统中汞污染的能量转移和生物放大作用,通过由 Science Take-Out(2012)出版的工作表中提供的模型、食品网活动和生态系统活动等信息,了解全球环境责任。学生还要计算海湾生态系统中能量和汞的转移量,直到人类最终吃到鱼的部分。学生在模拟能量流动中用水来象征能量,用不同大小的杯子来象征能量级。在模拟开始时,只有一点水银,由一颗红色的珠子表示。这个能量储存在一个有大量水(能量)的大杯里。当能量按照 10% 的规则通过能量级分配时,学生就会看到能量的数量在减少,但是汞的数量保持不变。最后,他们会看到在一个非常小的杯子里有一颗象征水银的珠子和一滴能量(水)。

评估

学生利用这些信息撰写一份实验报告,包括实验的信息、从前面的活动中获得的信息、与当时密歇根州弗林特市(Flint,Michigan)铅中毒事件的关联,以及元素周期表上汞和铅位置的比较。此外,学生可以从"问题墙"上选择一个问题作为拓展,进行研究和调查。

水俣奇迹问题墙研究

如果一个学生小组选择了研究问题墙上的一个问题,那么他们此后要彻底研究并形成一个答案(学生问题墙上问题的示例见图 8.15)。小组里的每个人都要参加这项研究。在课程结束时,由一位小组成员向全班其他同学介绍研究结果。

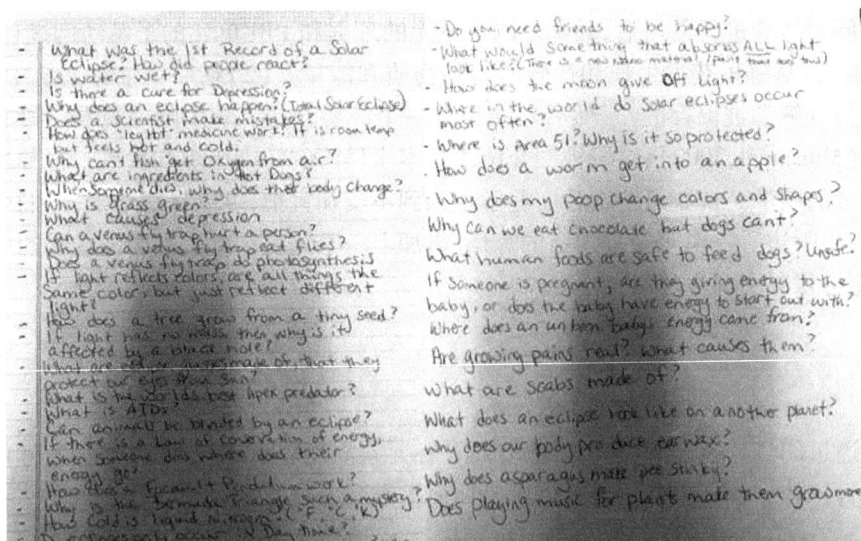

图 8.15 整个学年中贴在问题墙上的学生问题示例

下面这个例子是一个小组的问题墙问题研究项目

学生作业示例

1. 问题

水俣湾从疾病中复苏了吗?

2. 解释(三到五句话)

水俣病导致人口大幅度下降,到1980年底,受污染的人口超过1 422人,但死亡人数只有378人。这并不像黑死病那么严重,由于患水俣病死亡的人没有传播这种病,患病人数还是减少了。水俣湾已经幸运地恢复了,目前人口有27 900人!这就是我所说的复苏!

3. 来源

Medindia(2015)

4. 最后的思考

我认为,当水俣湾发现这种疾病时,人们应该彻底地调查海湾里的一切,而不是把问题放在一边,等到差不多3年后再处理!

基准课程5:消化——从食物到粪便

引入

在本课的这一部分中,我们用谷歌教室完成的建模活动来帮助指导教学,让学生了解消化过程。这让学生能够按照自己的节奏学习,并根据需要提问。给学生小组实验的材料和一台电脑,鼓励他们自己进行研究。主题涵盖了向学生介绍消化的基本知识以及人体如何分解食物获取能量。首先,学生在嚼胡萝卜时进行观察。学生可以根据他们的观察提出问题(例如,我怎么能嚼这个胡萝卜?)。这些问题引导他们发现消化的机械加工过程。通过一些阅读,学生了解到他们可能看不到的消化的部分。最后,给每组一根香蕉、一些薄脆饼干、水、食用色素和一个封口塑料袋。学生通过"消化"袋子里的香蕉,对过程的每一部分做出推断(见图8.16)。这让他们认识到消化是一个复杂的系统,有许多部分。

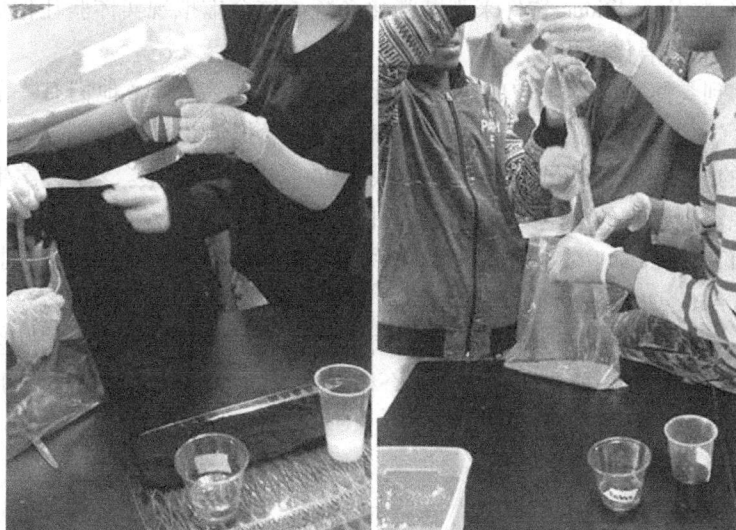

图8.16 学生在课堂上完成消化过程

探索

在消化交互动画(Diagestion Gizmo)(ExploreLearning,2016)中,学生通过识别和观察器官和化学物质共同承担的重要工作,即分解食物、吸收营养和水并排出废物,研究消化的复杂过程。学生设计自己的消化系统虚拟模型,喂模型食物以查看结果。根据我们的经验,学生真正被这个实验吸引是因为它发出的噪声迎合了初中学生的思维。很多学生还不能做出有效的消化系统,因为他们还没有了解这个复杂系统的所有部分。这会让他们做出水汪汪的"便便"。然后引导学生完成精确消化系统的组装过程。这个系统包括所有的淋巴管、毛细血管和其他相关的器官和组织。在这个虚拟实验过程中,学生提出了各种各样涉及消化系统和身体的问题。这些问题被贴在问题墙上,可以用来启发学生在本单元结束时要完成的项目(研究、设计和模拟消化过程中涉及的人体器官)。

解释

为了确保理解消化系统的重要性和所有的词汇,学生要阅读一篇关于人类生物群落的文章,并观看了一个关于消化的视频。阅读材料讨论了保持"生态系统"平衡的重要性。这里可以复习关于营养的阅读材料,提醒学生如何保持生态系统的平衡。还要讨论不同的因素如何影响我们的生态系统。这让学生回顾了光合作用课程中引入的限制因素的概念。消化录像和小测验是一种评估学生是否理解与消化有关的全部过程的方法。我们可以根据学生对消化过程中各个步骤的理解程度,对他们进行分组,以便进行下一个活动。

详述

学生利用谷歌 Expeditions 软件来观摩消化系统。这个虚拟现实体验让他们经历了从牙齿咀嚼到最后排泄的消化过程。

在"从食物到粪便"中,学生被单独分配到消化系统的一部分。他们有一节课的时间阅读分配到的器官的工作,并制定一个计划,用家用物品模拟消化系统的这一部分。学生在小组内比较各自的想法,小组成员都是研究和模拟同一器官的学生。然后,学生在混合小组(由研究和模拟不同器官的学生组成的小组)中分享他们的想法。

本单元我们还在课堂上实际模拟了消化系统。我们订购了必要的酶来模拟每个阶段的消化(Flinn Scientific,2018)。使用消化酶会有助于学生在更大范围内理解这一过程。这个活动要以五人一组的形式进行,所有五名学生都做自己的模型。然后再把这些小组分开,那么在每个新的小组中,每个消化器官都有一个模型。新的小组再一起工作,使用模拟的器官和购买的酶来完成整个消化系统。

评估

学生观看油管(YouTube)上一段从食物到粪便的视频(Rhscience7minivids,2013),将视频里的模型与用在教室和实验室里的人们制作消化系统的模型进行比较。每一组完成他们那部分模型的自我评估,并由同伴评估他们模型的有效程度。引入一些工程标准,学生要根据自己和同伴的想法,研究如何改进他们的模型。此外,学生可以通过研究扩展知识。学生可以从问题墙上选择一个问题(示例见表8.4)进行研究,并向全班展示。

表8.4 由学生提出的分别与人体和营养有关的问题墙问题示例

人体	营养
为什么眼泪是咸的?	一份套餐中有多少卡路里,它要如何满足我每天需要摄入的卡路里?
为什么咸眼泪不发烫?	什么是食物沙漠?它们在哪里?
因为不同的原因哭泣时,眼泪是否不同?	为什么男孩比女孩需要更多的卡路里?
当我们呕吐的时候会发生什么?	是什么让巧克力和/或葡萄对狗有毒?
遗传和肥胖有关联吗?	
为什么大便颜色不同?	
小舌的作用是什么?	
为什么我们的肚子会咕咕叫?	

参考文献

生态系统内的相互作用:一种基于项目学习的方法

Adeniyi,E. O. (1985). Misconceptions of selected ecological concepts held by some Nigerian students. *Journal of Biological Education*,19(4),311-316.

Brody,M. J., & Koch,H. (1989). An assessment of 4th,8th, and 11th-grade students' knowledge related to marine science and natural resource issues. *The Journal of Environmental Education*,21(2),16-26.

Bybee,R. W. (Ed.). (2002). *Learning science and the science of learning: Science educators' essay collection*. NSTA Press. NSTA 1840 Wilson Blvd. Arlington VA 22201.

Council for Environmental Education (Cee). (2011). *Project wild K-12 curriculum and activity guide.* Washington, DC: Project Wild 2011.

Crawley, F. E., & Arditzoglou, S. Y. (1988). Life and physical science misconceptions of preser-vice elementary teachers. *Paper Presented at the Annual Meeting of the School Science and Mathematics Association*, Austin, TX.

Drollinger, M. (2013, March 28). *Abiotic and biotic factors.*

Espinoza, M. (2016, June 21). *Field crops and bees: Research shows surprising relation-ship.*

Glencoe-McGraw Hill. (2017). Google. *Google Cardboard.*

Griffiths, A. K., & Grant, B. A. C. (1985). High school students' understanding of food webs: Identification of learning hierarchy and related misconceptions. *Journal of Research in Science Teaching*, 22 (5), 421-436.

Mojang. (2018). *Minecraft Education Edition.*

Munson, B. H. (1991). *Relationships between an individual's conceptual ecology and the individual's conceptions of ecology* (Unpublished Doctoral Dissertation), University of Minnesota, Minneapolis.

Nebraska Alliance for Conservation and Environmental Education. (2002). *Ecological Pyramids.*

Next Generation Science Standards for States by States. (2018). *2-LS2-2 ecosystems: Interactions, energy, and dynamics* .

NGSS Lead States. (2013, July 12). *Next Generation Science Standards.*

Nye, B. (2016). Pixar Animation Studios (Producer), & Stanton, A. (Director). (2003). *Finding Nemo* [Motion Picture]. United States: Disney-Pixar.

Singer, E. 2015. *Bee symbiosis reveals life's deepest partnerships: Q&A.*

Smart2IT B. V. (2018). *Virtual Reality CMS platform for 360° photo's and 360° videos.*

Strom, S. (2017, February 16). *A Bee Mogul Confronts the Crisis in His Field.*

Tulip Apps. (2017). *Safari Tours Adventures VR-4D-Apps on Google Play.*

University of Wisconsin-Madison. (1991). *Bottle biology: Hands-on biology with plastic containers.* Madison, WI: Bottle Biology Program, Department of Plant Pathology, University of Wisconsin-Madison.

Utah Roots Publication-Teachers Pay Teachers (2017). *Symbiosis-Reading, analysis, and color-by-number.*

探索重力、电力和磁力现象

Barrow, L. H. (1987, July). Magnet concepts and elementary students' misconceptions. In *Proceedings of the 2nd International Seminar "Misconception and Educational Strategies in Science and Mathematics* (Vol. 3, pp. 17-22).

Borges, A. T., Tecnico, C., & Gilbert, J. K. (1998). Models of magnetism. *International*

Journal of Science Education ,20(3) ,361-378.

Boulter, C. J. , & Gilbert, J. K. (2000). Challenges and opportunities of developing models in science education. In J. K. Gilbert and C. J. Boulter (Eds.), *Developing Models in Science Education* (pp. 343-362). Dordrecht: Kluwer.

Clement, J. (1991). Nonformal reasoning in experts and in science students: The use of analogies, extreme cases, and physical intuition. *Informal Reasoning and Education* ,1 ,345-362.

Constantinou, C. P. , Raftopoulos, A. , & Spanoudis, G. (2001). Young children's construction of operational definitions in magnetism: The role of cognitive readiness and scaffolding the learning environment. In *Proceedings of the Twenty-Third Annual Conference of the Cognitive Science Society* (p. 232). Lawrence Erlbaum Associates.

Crash Course Kids. (2015, May 26). *What's an engineer? Crash Course Kids #12. 1.*

Disclose Education. (2014). *Understanding magnetism.*

ExploreLearning. (2015). *Explore learning gizmos: Math and science simulations that power inquiry and understanding.*

Gilbert, J. K. , & Boulter, C. J. (1995, April). Stretching models too far. In *Annual conference of the American educational research association* ,San Francisco(pp. 18-22).

Hayes Roberts. (2008). *The Weiner dog magnet.*

Kahoot! (2016). *Learning games: Make learning awesome!*

National Science Foundation. (2016, February 24). *What is engineering?*

Sederberg, D. , & Bryan, L. (2009). Tracing a prospective learning progression for magnetism with implications at the nanoscale. In *Learning Progressions in Science (LeaPS) Conference* ,Iowa City.

Teaching Ideas. (2015a, October 15). *The Wonder Wall.*

Techquickie. (2016, September 23). *Electromagnets-How do they work?*

联接化学和生物:我们吃的食物怎么了?

Coleman, E. (2018) *Recommended amount of calories per day for middle school.*

ExploreLearning. (2016). Gizmos.

Flinn Scientific. (2018). *Digestive enzymes at work-Student laboratory kit.*

Fries-Gaither, J. (2016). *Common misconceptions about biomes and* ecosystems.

Gregorio, F. (2014). *Introduction to Biochemistry HD.*

Harvard Graduate School of Education. (2008). *Understandings of consequence project teacher overview.*

Young, J. (2002). *Science interactive notebooks in the classroom.*

Medindia. (2015) *Minamata disease.*

Mosa Mack Science. (2016). *Your NGSS Solution.*

Muizainal. (2009). *Mercury poisoning-The Minamata Story.*

Nye, B. (2009, April 09). *Bill Nye the science guy on plants(full clip)*.

Readworks. 2015. *Why humans can't live off sunlight?* Readworks. org.

Rhscience7minivids. (2013, January 13). *Food to feces*.

Science and Plants for Schools. (2018). *SAPS Photosynthesis Survival Guide PowerPoint 1*.

Science Take-Out. (2012). *Mercury poisoning*.

Standard Deviants Accelerate. (2014). *Standard deviants teaching systems nutrition module* 01 *cells and macronutrients*.

Teach Engineering. (2018) *Energy through ecosystems worksheet*.

Teaching Ideas. (2015b, October 15). *The Wonder Wall*.

Veritasium. (2012, March 12). *Where do trees get their mass from?*

索引

A